江戸の旗本事典

小川恭一

角川文庫
19577

江戸の旗本事典

目次

第三章　旗本のライフサイクル

第四章　「イエ」制度のなかで

第五章　旗本はつらいよ

第六章　旗本の生活は退屈か？

はじめに——誤解の多い旗本の身分

遠くになりつつある近世

今から百三十余年前に終わった近世は、関ヶ原合戦のあった四百年前からはじまり、約二百七十年つづきました。テレビが発達してから、また高度成長達成から江戸時代は急速に遠ざかりつつあります。近世のよき風俗慣習は失われるだけでなく、人名や名詞の正しい呼び方も消えつつあります。

かつては「多《お》門伝八郎《かどでんぱちろう》」「大石《おおいし》主税《ちから》」「奥野《おくの》将監《しょうげん》」のよみかたも『忠臣蔵』のおかげで身についていたものです。最近では「タモン」「シュゼイ」「ショウカン」、「主水《もんど》」に至ってはシュスイと、ラジオ・テレビから聞こえます。もっとも「水主《かこ》」などは、われわれも一瞬考えたり、『官職要解《かんしょくようかい》』をたしかめたりしますけれど。

この本の題名にある「江戸の旗本」は、昔なら江戸を入れず、単に「御旗本」とすべきところです。

旗本とは戦国時代の軍事用語です。各大名家（当時は「藩」という名称はありません）の軍事陣立《じんだて》に「旗本備《はたもとぞなえ》」があり、「旗本」の語は主君の親衛隊の名称として使われていました。

しかし近世の身分としての「旗本」は幕臣に限られます。町や村の人は将軍の家臣のことを尊称として「御旗本」と呼び、幕府の法令書にも「御旗本・御家人」とか、「御旗本にあるまじき所行」などと明記されていました。「江戸の旗本」は、現代の読者にわかりやすいように命名したものです。そもそも江戸市中の庶民は身分に忠実で、旗本の当主は「殿様」夫人は「奥様」、御家人は「旦那様・御新造様《ごしんぞさま》」と区別して呼んでいました（町村の有力者夫人には「奥様」をつかいますが、これは庶民の苗字とともに内々のことです）。

盲目の大学者塙保己一《はなわほきいち》の子、塙次郎が、安政五年（一八五八）に幕臣として召出され、小十人格《こじゅうにんかく》家禄百俵と、旗本に列した時、市中で塙氏妻として、

殿様と言いましょうかと女房いい

の落首がありました。庶民から旗本となった変化を揶揄《やゆ》したものです。

しかし旗本のなかでも、千石以上や官位五位の佐渡守《さどのかみ》に叙任されると、「御前《ごぜん》」と称したともあります（松平太郎『江戸時代制度の研究』（上））。

碩学にしてしかり

われわれの手にする幕臣身分についての解説書には、残念ながら旗本身分についての誤記がきわめて多いのが現状です。旗本として取り上げられる家が御家人であったり、その反対の場合も多いのです。旗本・御家人とは何か、その定義は追い追い各項でくわしく説明していきますが、ここではまず実際のまちがいについて挙げておきます。

幕末の勘定奉行として有名な小栗上野介忠順《おぐりこうずけのすけただまさ》が「三河以来」の旗本であることは誰にでもわかると思いますが、ならば町奉行として、あるいは随筆『耳嚢《みみぶくろ》』の筆者として有名な根岸肥前守鎮衛《ねぎしひぜんのかみやすもり》はどうでしょう。

当時の有名な大名、平戸の松浦静山《まつらせいざん》（こちらは随筆『甲子夜話《かっしやわ》』の筆者として有名）は「根岸は御徒《おかち》より昇進の家」と、『甲子夜話』に書いております（「御徒」については後述します）。でもこれは明らかに静山の誤りです。実は旗本安生《あんじょう》家より鎮衛が養子に入った根岸家は、家宣の代桜田邸より旗本となった家で、先祖にも御徒はありません。

たしかに実家安生家の父定洪は、御徒の株を買って旗本に昇進します。三男の鎮衛は旗本の厄介《やっかい》（惣領以外の二、三男等の別称）から、旗本根岸家に合法的に養子入を認可されて根岸家に入ったのです。松浦静山はそれを混同したようです。当時においてもそのようなまちがいが生じるのです。

勝海舟の家など、海舟の父（小吉・夢酔）や海舟までが御家人と明記されます。しかし、これも誤りです。

勝家は先祖市郎右衛門命雅《のぶまさ》が、宝暦二年（一七五二）九月二十八日、旗本に昇進して材木石奉行に任命されて以来、禄は年収五十俵余と少なくてもれっきとした旗本であり、『寛政重修諸家譜《かんせいちょうしゅうしょかふ》』（『寛政譜』）の呈譜の列（後述）にありました。多くはそこまで調査されぬまま、独断や孫引きにより、「御家人勝家」が流布されたわけです。幸いに旗本と記述されている場合でも、海舟の曾祖父にあたる男谷《おだに》家の米山検校《よねやまけんぎょう》が、末男平蔵（海舟の祖父）のために、旗本家の株を買い求めたとあります。しかしこれまたまちがい。正確な事情はこうです。

『寛政譜』では男谷平蔵が、安永五年に西丸持筒《もちつつ》与力（御家人）明跡《あきあと》に新採用され、天明六年（一七八六）、勘定に昇進して旗本になった家とされています。

こうした数々の誤りは勝海舟が著名人であったための、一種の有名税なのでしょうか……。

このような記述は他にもありますが、ここでは滝川政次郎（一八九七～一九九二）の、『長谷川平蔵』（朝日選書）の中から、いくつかの問題点を挙げてみます。滝川先生は日本法制史の研究者として著名であり、われわれもその著述を大いに参考にしています。『長谷川平蔵』が名著であることは論を俟《ま》ちません。以下指摘するいくつかの疑問は誹謗ではなく、これだけ慎重に取り組んでいても生ずる、幕府の制度・身分の複雑さを知っていただくためです（カッコ内ページ数は原著のもの。なお、引用文にある役職や給与の詳細等については本書各章で解説しますので、まずは気楽にお読みください）。

A．病身を言い出て、家督を子に譲った若隠居もまた小普請組に入れられた。（一四ページ）

※隠居《いんきよ》をすると小普請組《こぶしんぐみ》には入りません。子の当主の何の誰隠居という身分になります。小普請組は無役の当主が入るもので、小普請金を納入するのが原則です。もし書院番を依願退職しても隠居せず、当主のままならば小普請組に入ります。ただ、そのばあいは老年まで勤務した功として小普請金が免除になるのです。また、部屋《へや》住《ずみ》の勤役者（そういう人もけっこういるのです）が一時的に退職し、待命中として手当が付いているので寄合・小普請組に入るケースがあります。

B．奏者番が、大名・旗本を将軍に名披露するときには、その諱を唱えねばなりません。（一五ページ）

※奏者番《そうじゃばん》の披露は苗字通称（官名）までで、諱《いみな》はつけません。水野大監物は水野監物と読みあげて大はつけません。また和泉守《いずみのかみ》なら「イズミ～」とカミはつけず、摂津守・紀伊守だけは「ツノカミ」「キノカミ」と唱えます。大久保彦左衛門忠教《ただたか》ならば大久保彦左衛門だけです。

C.『蜑《あま》の焼藻《たくも》』の著者森山孝盛は三百石の旗本で……（一九ページ）

※森山家は地方《じかた》三百石廩米《りんまい》百俵ですから、合計四百石と表示すべき家です。

D.（明和元年、平蔵の父宣雄が桑島家の本所千二百坪を獲て）その一部を町人に賃貸して地代を収めることが目的であり……（四四ページ）

※拝領武家屋敷地を町人に貸して咎められたこともあるが、いろいろ抜け道があると説明が加えられています。しかし旗本屋敷を商売をする町人に貸地することは厳禁で、その長屋（家臣の住居）に置くことも許されていません。もし貸して事件が生じると、貸し主は家名を失う処罰があります。町人も武家地内を借りても商売になりません。武家屋敷は旗本・御家人・医師・御用の職人町人その他、広い範囲で土地を貸すことは決まっております。どうしても町人に貸して地代を得たいのならば、旗本が町屋敷を買収して、それを町人に貸す方法があります。こうやって地代収入を得ている例はあります。勝家は医師・御坊主などと同じく町屋敷を拝領して

おり、それを町人に貸し地代を得ることは別収入として公認されていました。

E. 両番士は将軍家の小間使（五四ページ）

※番士は表御殿の勤務です。「将軍家の小間使」とは軽すぎる呼称で、近侍は中奥《なかおく》の将軍家身辺近く昼夜勤める小性《こしょう》・小納戸《こなんど》の方でしょう。番士は表の警衛の任ですから、将軍家とは遠く離れているのです。

F. 番士は……役徳のない職柄であるが、その職に就けば何十俵何人扶持という役料を頂戴することが出来……（四三ページ）

※五番士の内小十人組士のみ職禄百俵十人扶持で、家禄百俵の人が番入《ばんいり》すると十人扶持はつきますが、百五十俵以上の人には何の扶助もありません。他の四番士にも職禄以外役料の加給はありません。番方の人びとは、持ち出しとなる御奉公です。

滝川先生のような碩学が執筆について周囲にも話を聞かれ、史料をみられるなど充分注意されておられてもこうなのです。幕府制度のむずかしさがおわかりいただけたでしょうか。

現在の幕府制度の解説書について

幕臣や多くの人びとは、徳川の天下は永世と考えていました。それは、幕初の話だけではありません。大政奉還寸前までみな、その考えが主流であったといえます。

今からみれば、二百六十年余続いた体制が変化せねばならないところにきていたといえますが、当時は徳川家を中心に雄藩を加えた賢侯と、それを補佐する賢臣との政府でまわっていくと思っていたのでしょう。あまりにも長く続いた体制です。一部の人を除けば、幕府が瓦解するなど想像外のことだったと思います。結果は意外な下級士族革命になりました。

明治新政府の人びとは、旧幕時代はすべて明治より悪く劣ったものとして位置づけました。新政府の都合からは当然ですし、そのうえ幕府崩壊過程の歴史にはタブーもいくつもありましたから。

そんなこともあって戦前の歴史家には近世を専攻する人が少なかったといえるでしょう。その証拠に旗本家の総数はいうまでもなく大名の総数でさえ正確に把握されてはいませんでした。江戸時代最後の年、慶応四年初めに全国で二百七十一家、寛政十年末の『寛政重修諸家譜』には所載二百六十四家ということを明示した史書はないのです。

戦前には三つの基本史料『寛政譜』『古事類苑《こじるいえん》』（官位部三）『徳川禁令考』は、活字化刊行されてはいたものの、稀本でなかなか個人の所蔵にはなりにくく、大名・旗本の研究は困難でした。

戦後になって『御触書集成《おふれがきしゆうせい》』や『武鑑』までもが刊行され、大名・旗本の研究や解説書がようやくたくさん出てきました。最近では若い方々が、幕職の詳細研究に参加され充実してきています。

しかし問題があります。

個々の専門論文には問題はないものの、歴史家・評論家・作家・歴史愛好家の著述される諸本の、大名・交代寄合《こうたいよりあい》・旗本・御家人に関する記述には、誤まったものが多いのです。戦後から最近にいたるまで、続々とこれらに関連する書籍が出ていますが、調査不足の古い著述が引用され、だんだんに誤りが普及し、再生産されているのが現状なのです。

筆者のところにときどき、読者やルーツ探しの方から、幕臣の身分についての問いあわせがあります。また各書の内容についての質問をうけます。「それはどこが正しくどこが違っている」と、説明するごとに基本書の必要性を痛感していました。以前『江戸幕府旗本人名事典』の刊行時に、各書を調査しましたが、適切なものに恵まれませんでした。けっきょくは自分で近世の古文書や『寛政譜』を何回も読み直すことにより、取りまとめました。

幕府制度には、特例やあいまいなことが混在していますが、今回はその贅肉《ぜいにく》を取って基本について書いてみます（さらに詳細を求められる方は、『江戸幕府旗本人名事典』別巻解説をごらんください）。

いまだに旗本関係の基本書の存在しない現在、永くみなさんに常用される記述を心がけたつもりです。

なお、どこからでも読めるように事典的な記述にいたしました。読者は興味のあるところから読みはじめて下さい。この本が多くの歴史愛好家、歴史・時代小説ファンのお役に立つことを願ってやみません。

少々、前置きが長くなりました。それでは江戸の旗本の世界に、みなさんをご案内いたしましょう。

二〇〇三年　盛夏

著者識

旗本研究の基本書としては、
(A)松平太郎『校定 江戸時代制度の研究』(上)(柏書房、一九六四年)
(B)新見吉治『旗本』(吉川弘文館、一九六七年)
(C)高柳金芳『江戸時代 御家人の生活』(雄山閣、一九八二年)
があります。
(A)は残念なことに下巻が未完のまま、原稿が焼失しております。刊行も七十年余も昔のことで、古典と位置づけられましょう。旧幕時代を知る当時の古老の話、御家人の役職も含め得がたい情報の載った良書です。
(B)は、著者の新見氏が尾張藩士の家系の出自のためか、幕臣の説明にも尾張藩の話が混入しています。また、高家・交代寄合の項に落丁があり、文中の記事にも承服しがたい説明がありま す。しかし総じて貴重な情報が収められており、基本書として有益なものです。
(C)を含め高柳氏の著作には、誤記事もあり、慎重な選択が必要ですが、当時の古老の談話や遺習については、貴重な記事があります。

本書では、三百年近く続いた幕府諸制度を支えた旗本の身分・家格・役職・江戸城行事について述べます。概論は左の史料に基き、個々の事例には出典を明示しておきます。

徳川礼典録/徳川盛世録/古事類苑　官位部三/徳川幕府の制度/【写本】柳営秘鑑/官中秘策/仕官格義弁/諸事留(以上四点は『内閣文庫所蔵史籍叢刊』に複製あり)/公用雑纂/的例問答/要筐弁志/各家家譜/【版本】武家格例式/殿居袋/青標紙/柳営事略/武家擥要

第一章　「旗本八万騎」の実像

『武鑑』とは何か？

『武鑑』とは、今でいう『職員録』です。あるいは「国会便覧」のようなものといっていいかもしれません。幕府役職者の確認には欠かせない、大切な史料です。余談ですが森鷗外は、暇なときにこの『武鑑』を拾い読みするのが何よりの楽しみでした。

『武鑑』は私刊本であって公文書ではないから、信用ができないとする説が、当時からもありました（『甲子夜話《かつしやわ》』）。しかし、出版元も専門の情報収集者を置き、読者や掲載されている先からの変更申入れも随時取り入れており、精度の高い史料と評価して使ってよいと思います。

ちなみに私は、役職者の確認の史料として、

①年度ごとの史料……『武鑑』

②役職ごとの就任者の史料……『柳営補任《りゅうえいぶにん》』

③役職者の履歴史料……『寛政重修諸家譜』
のそれぞれの特色を生かして使用しています。

『武鑑』の実物は各有力図書館にありますが、最近では、
(1)『江戸幕府役職武鑑編年集成』
『江戸幕府大名武鑑編年集成』（初期～幕末複製、いずれも東洋書林刊）
(2)『文化元年～文政八年武鑑』（活字化・柏書房刊）
があります。

(1)は貴重ですが字体は当時のもので、予備知識がないと判読が困難です。(2)は一八〇四年～一八二五年の二十二年間のものですが、すべて活字化されています。(1)(2)の同年度を対比すると判読の参考になります。

一方『武鑑』の書誌研究には、藤實久美子氏の『武鑑出版と近世社会』（東洋書林刊）が刊行され、すべてが明らかになってきました。

さて、ここでは『武鑑』を使用する上での基礎知識を説明しましょう。

【出版元】初期は何店も手がけていましたが、享保《きょうほう》以降は須原屋本《すはらやぼん》の独占状態でした。

表題は「年号」を頭にしており、たとえば『天保武鑑』とあれば須原屋本でした。文政頃には幕府御書物師である出雲寺本《いずもじぼん》が復活し、幕末まで須原屋と両立します。こちらは表題に「大成武鑑」と冠していて区別できます。

両者の彫字は明らかに相違があります。

【内容】四冊武鑑と一冊武鑑があります。

四冊本

巻一は大名十万石以上、巻二は大名十万石以下、巻三は幕職別の人名録、巻四は西《にし》丸諸役《のまるしよやく》と御三卿《ごさんきよう》家臣に区別されていました。なお弘化以降『御三家方御附』（出雲寺）、『御三家付家老付』（須原屋）が、五冊目に加えられていました。

四冊本の刊期は、第三冊目の諸役人巻末に記載されるのみで、バラバラになった『武鑑』の大名二冊・西丸編一冊では刊行年の確定はできません。反面第三冊の諸役人は（西丸・御三卿家臣はわかりません）単独一冊でも正確な史料となり得ます。

一冊本

須原屋　袖珍《しゆうちん》武鑑（大名）　袖玉《しゆうぎよく》武鑑（役人）

出雲寺　万世《ばんせい》武鑑（大名）　有司《ゆうし》武鑑（役人）

四冊本に比べ簡略な記事ですが、四冊本にもない独特の記事があります。

大名では「御所号《ごしょごう》・屋形号《やかたごう》・国持《くにもち》（准国持なし）」が、家格として明示されています。役人では、四冊本で四巻欠のとき、「西丸諸役・御三卿家臣」を補足できます。また幕末の新軍職の実体は、四冊本より詳しい記載があります。四冊本の改補より一冊本の方が容易だったからでしょう。

書いてあること、載ってないこと

ここでは『武鑑』使用上の注意事項について述べましょう。

今ここに同年度の須原屋本と出雲寺本の『武鑑』があるとします。どちらを選択するかといわれたら、私は躊躇なく出雲寺本を選びます。大名の家格の詳細が「規式の節の供立」など、須原屋本より優れているからです。

諸役人の部にもいくつかの独特の記事があります。たとえば、「勘定」「支配勘定」の項には、天保頃より全員の氏名・住所が入れてあります。

大名の部

巻一には十万石以上の大名が載っていると記しましたが、その配列にはわかりにくいところがあります。いろは順でもないし禄高順でもないので、慣れるのにちょっと時間がかかります。たとえば、御三家と分家・越前家一統・会津家が、百万石の前田家より前に入り、久松・奥平・越智の松平家の混入もあります。その他、岩城→佐竹、奥平→忍《おし》松平、林→小笠原、秋元→戸田のグループも混入します。

もともと『武鑑』の記載の禄高は独特のもので、『寛文朱印留』やその他の史料と一致しません。しかし『武鑑』の普及性から、大名禄高は『武鑑』によるとしてかまわないと思います。

いちばん困るのは、大名・旗本の官位です。通称として使われる○○守《かみ》などの官名は、『武鑑』には正確に出ているのですが正○位上とか従○位下などの官位については理解しにくいルールを版元の方で勝手に創り、見る人を混乱させているのです。

官位記載のルール

①高官位の家格の家は正しく表示されます。従四位上より高い官位が明示されており、「従四位上侍従」「正四位下少将」です。

②従四位下は下が省略され、「従四位少将」となります。老中《ろうじゅう》も「従四位侍従」となり巻一～三でも同様です。

③従四位下は(全冊)四品《しほん》と変えています。

④従五位下は、若年寄《わかどしより》のみ明記し、一般大名は「朝散太夫《ちょうさんのだゆう》」と表記します。巻三の旗

本では何も書きません。ただ「大和守」とか「主膳正《しゆぜんのかみ》」と、従五位下にならないと使えない官名で判断します。たとえば将軍家の側近く仕える「御小性」も、「豊前守」とあれば従五位下が略されているとみるのです。

諸役人の部

巻三には、旗本役職者全員が載っていると思いがちですが、削除・未掲載の人があるので注意が必要です。

①五番方番士《ごばんかたばんし》（第二章参照）の二千人は、番頭《ばんがしら》・組頭《くみがしら》以外は記載されません。由緒ある家々の人ですが、幕府は記載させなかったのです。番士でも御家人の天守番士《てんしゆばんし》・富士見宝蔵番士《ふじみほうぞうばんし》・広敷添番《ひろしきそえばん》・火之番《ひのばん》は出ています。

②御徒組《おかちぐみ》は頭《かしら》・組頭以外の記載はありません。御徒目付《おかちめつけ》・玄関番・御坊主《おぼうず》は出ています。①②とも多人数なので収載しきれないことも理由かもしれません。

③医師は『柳営補任』にも記載がなく、役職者の調べには『武鑑』は不可欠です。しかし誤記があっても医師側よりの出版元への連絡がなかったらしく、慶応四年（一八六八）度に、「奥医師緒方洪庵《おがたこうあん》」の記述があります。洪庵は適塾の主宰者で、福沢諭吉の先生ですが、文久三年（一八六三）六月に死去している人です。

④無役の人でも、寄合《よりあい》（三千石以上・布衣《ほい》以上）は詳しく出ていますが、旗本の小普《こぶ》

請《しん》（医師の小普請も）は記載されていません。

⑤諸役人の中に記載されていても、幕臣ではない人があります。御目見《おめみえ》医師（後に幕医になりうる）、紅葉山楽人《もみじやまがくじん》（京の楽人の親族、武家以外の手続で受領名を使う）、連歌師の里村一家以外の人、同連衆、碁所の人（本因坊家・井上家ほか）、将棋所の人（大橋家・伊藤家ほか）などがその例です。

⑥職・商人衆から能楽者まで、禄を給され、拝領屋敷も給されている人びとがいますが、彼らは幕臣ではなく出入りの人でありました。大棟梁《だいとうりょう》でも、『武鑑』刊行元の出雲寺（御書物師）も、幕臣資格はなかったのです。

しかし、例外のない規則はありません。絵師の中で、狩野《かのう》家二家（木挽丁《こびきちょう》・浜町矢の倉）だけは、幕府中頃に旗本に列し、医師格の絵師となっています。また楽人でも、東儀《とうぎ》二家も綱吉の代に旗本とされ、楽人から離れて武家になっています。長かった幕府時代は、なかなか一律にゆかないのです。

『武鑑』は大名行列見物客のガイドブックだった!?

セールスマンに、いやあらゆるビジネスマンにとって名簿と地図は必需品といえます。江戸時代も同じでした。みなさんよくご存じの江戸の「切絵図」は、四谷の商店が番町の旗本の屋敷をあまりによく聞かれるので、いっそのこと絵図にしておいたらということで作られたのが始まりだといわれています。

番町の切絵図をみると、嘉永三年（一八五〇）から明治三年（一八七〇）までの二十年で十一版を重ねています。二年に一度の割合で新版が出たことになります。しかし、幕末は旗本の住居移動が頻繁でしたから、はたして役に立ったのでしょうか。それに比べて『武鑑』は、毎年の刊行です。幕末近くには年に何回も再刊されています。やはり相当の需要があったものとみえます。いったい誰が何の目的で使用していたのでしょうか。藤實久美子氏の前掲書を参考にして探ってみましょう。

『武鑑』のはじまりは寛永二十一年（一六四四）からと立証されています。それが継続されて元禄に至ります。四冊本の形体にかわるのは宝永・正徳の頃からで、『御家人分限帳』（幕臣分限帳）の成立と同じ頃です。

『武鑑』の記載項目の増加表をみると、変化がよくわかります。

宝永以前の『武鑑』は、大名の氏名・封禄高・在所・家紋がベースになります。これに、江戸での屋敷・重臣名・行列の際の道具（鎗・長刀《なぎなた》）が加わり、さらに幕職者の一覧が加わります。この頃までの使用者は、武家関係者と有力商人が中心で、庶民には直接縁はなかったと思いますが、詳細はわかりません。

後期（宝永以降）の四冊本は、大名の「紳士録」、幕府役人の「職員録」の観を呈します。陪臣である大名家臣でも江戸詰めであれば、その名が大名編に多数記載されるようになります。より広い層に需要が出てきたことを物語ります。おそらく大名の国許や、江戸屋敷での事務用（企業の総務部備付のようなものでしょうか）、江戸の商人の業務用、江戸勤家臣の国許への土産品、好事家の資料、江戸城登城の大名行列見物用などが考えられます。

それは古書としても品薄のはずの『武鑑』が、今でも地方の書店に出ており、その数もけっこうあることで裏付けられます。私事ですが、東京でも少なかった「禁板八冊武鑑」を金沢で求め、静岡・名古屋・大阪などで四冊本を手に入れております。

それでは『武鑑』は年間に何部つくられ、どのくらいの価格だったのでしょうか？　詳細はわかりませんが私見として勝手に想像してみます。

天保頃の記録に、四冊本が代銀十二匁《もんめ》で、小判一両の約五分の一、銭価で千二百文、一冊本で約銭百五十文とあります。出版の量はあくまで推定ですが、四冊本が須原屋と出雲寺あわせて年間五千部くらい、一冊本の大名・役人が各一万五千部くらいです。一冊本は江戸みやげや贈り物用・見物用の消耗品としても多すぎるようですが。

江戸城大手前には、年始・四節句など礼式日に「武鑑売り」が出ており、それを求めて豪華なショーでもあった諸大名の行列を見物する人たちの姿がありました。ただしその日は三百諸侯が全員登城するわけではなく、半分は国許におりますし、忌引や病気で登城しない人もあるので、百二十家くらいだったかと思います。

『武鑑』には、鎗の鞘形・長刀（打物《うちもの》とも）・立傘《たてがさ》・金紋挟箱《きんもんはさみばこ》・虎皮鞍覆《とらのかわくらおおい》・乗物《のりもの》（高級駕籠）など、家々の特色がハッキリ書いてあります。

万延元年三月三日、大老井伊《いい》掃部頭《かもんのかみ》直弼《なおすけ》が暗殺された時は、浪士が『武鑑』を片手に眼の前の大名行列を見つめていたのです。

幕末になると、幕職者の異動が多くなり、武鑑屋は改訂版をひっきりなしに出さねばならなくなりました。以前は何年かで版を彫り直していましたが（それが貧乏な御家人の格好の内職でした）、たびたびになると、改訂箇所を埋木して彫り直したり、何枚かだけ彫り直しをして、改めることのないところは古い版を使いました。このため幕末の『武鑑』は文字もつぶれ、汚い印刷物になり、文字を判読するのに困るものになってしまいます。

出自さまざま

旗本ときくと、すべて「三河以来」数多くの戦場に従軍し、時には主君家康の側近にあり、また離れては先陣・遊軍・後詰《ごづめ》として働き、家康を天下人とした功労者の姿が浮かびます。

けれども、それは一面的なイメージといえるでしょう。家康をもりたてたことに違いはありませんが、戦場の裏方として情報操作も担当した鷹匠《たかじょう》・鳥見《とりみ》の衆や、土木関係の大工頭《だいくがしら》や黒鍬《くろくわ》の人、内部において主君の家の財政・食糧確保などを務めた人びともいました。

天下泰平になると、戦場では家康の周囲にあって直接お仕えした人びと、たとえば中間頭《ちゆうげんがしら》・小人頭《こびとがしら》・掃除頭《そうじがしら》・御馬《おうま》の口取《くちと》りの者たちが御目見以下の扱いとなって姿を消します。

しかし、おもしろいもので、『寛政譜』には戦士の家々だけでなく、御目見以下になっても子孫が昇進して旗本になった家は、先祖の戦場の姿も書き上げますので、古い出自もわかるのです。

さて、一口に旗本といっても、いろいろな出自が挙げられます。少々細分化しますが、『寛政譜』から列記してみます。

①関ヶ原合戦以前に臣従した家（分家として旗本に召出《めしだし》・分知された家も含む。以下の項も同）。

②関ヶ原合戦後に召し出された家。主として外様系の家。

③綱吉《つなよし》・家宣《いえのぶ》の館、紀伊家（吉宗《よしむね》・家茂《いえもち》）、一橋《ひとつばし》家（家斉《いえなり》）の家臣で、宗家入り時に召し連れの家（全員旗本ではなく、御家人とされる家もあります。その御家人中から⑪の昇進家もあります。駿河忠長《ただなが》の遺臣は多数召し戻しとなり復帰します）。

④大奥関係で御台所《みだいどころ》・老女の縁故者の召出家。

⑤名族優遇家（高家《こうけ》・交代寄合《こうたいよりあい》の衆）。

⑥大名より格下げされた家。

⑦大名より分知された家。

⑧技能による召出家（武道・能筆・地方巧者《じかたこうしゃ》・医家・儒家があり、綱吉・家宣の趣味で召し出された猿楽・囲碁・将棋などの家もある。幕末の新軍職・洋学・洋医師で民間または各大

名家より採用されたもの）。
⑨外様大名家の人質者の召出家。
⑩大名改易時、その重臣の召出家。
⑪御家人より役職有能者の昇進家（『寛政譜』から、五千百五十八家のうち千百四十八家をカウントしましたが、家譜の読み方で増加もある見込み）。

とくに大名にくらべて違うことは、幕初より外様・譜代の区別がなく、どの家筋でも人物しだいで、公平に就職していることです。

⑪については別項でも述べますが、とりあえず概略として、庶民たちが一代抱《いちだいかかえ》の幕臣株を買い、勤功を重ね役職を転じ、家禄のある御家人に昇進し、さらに旗本の役職とされる職につき、旗本に昇進するといえます。

基本的なパターンを示します。

抱入席（家禄なし職禄のみ）↓譜代席《ふだいせき》（家禄があり、昇格すると職禄が家禄にされる）↓旗本（昇進しても家禄の加増はない）

享保以前は、御徒組頭は譜代席でしたから、

御徒―御徒組頭―支配勘定―勘定

の型が多く、少禄旗本の分家や浪人が、御徒などに採用され、父子何代かをかけたり、当人一代で昇進する型がありました。

享保以降はいろいろの型がありますが、御徒から広敷御侍《ひろしきおさむらい》とか火之番等々を経て、支配勘定にすすみました。多くは庶民から株を買った人材が主体になります。

御徒は七十俵五人扶持（九十五俵）、一代抱の「抱入席」で、庶民から株を買って幕臣となります。幕府も人材補充のため御家人株の売買は黙認していました。

御徒組頭（百五十俵）は享保六年までは家禄のある「譜代席」の御家人でしたが、それ以降は抱入席に降格されます。ここで旗本役職に進める権利を得るわけです。

支配勘定（百俵持扶持）も譜代席の御家人ですが、御徒組頭より上席で勘定に昇進するには必要な経路です。

勘定は旗本の役職で、ここで『寛政譜』は「班《はん》をすゝめ」と明記し、昇進を認知しています。

御家人から旗本に昇進が多くなるのは、行政職のうち勘定・小普請方《こぶしんかた》・広敷用達《ひろしきようたし》などです。計算・土木工事・渉外の仕事が増加してきたからでしょう。従来の旗本層の人材では、武技とか右筆《ゆうひつ》までが精一杯で、どうしても新種の人材が必要となり、御家人層＝庶民の人材が必要であったと推測します。

一方、三河以来の武門の士だけの役職があり、昇進家の家筋では就任できぬ聖域でありました。それは、軍事面で重要な「御使番《おつかいばん》・御目付《おめつけ》」で、「御使番」の方は天保を過ぎて幕末にかけては乱れてきますが、「御目付」は長くつづきます。筆者は寛政十一年（一七九九）末の幕府の役職別データを作成しましたが（目下刊行待ちです）、それを見ると勘定・小普請方・広敷（大奥事務）実務者のほとんどが昇進家、使番・目付は非昇進家と判然とわかれます。まさに驚きを禁じえません。

ともあれ三百年近くもつづいた幕府ですから、先述の御徒組頭のほかにも諸役職の昇降があります。『寛政譜』の条例には、

「天守番・宝蔵番・土蔵番・茶道頭・同朋」は、『寛永諸家系図伝』には（旗本として）記載されているが、今回は「呈譜《ていふ》の列にあらず」（御家人とする）と御家人への降格を記しています。後代「天守番・宝蔵番」は「半御目見《はんおめみえ》」と俗称され、半数隔年で寛政四年から正月六日御目見を許され「半席《はんせき》」と俗称されています。これはその名残りを示すものです。

このほか鷹匠は旗本・御家人混勤でしたが、享保三年（一七一八）より全員小十人格とされ旗本役職となったように、時々、変化が生じています。

なお、幕臣の役職や序列と処遇は、後述の『大概順』（次章）の項で説明します。

御家人とどう違うのか？

旗本と御家人の身分確定があいまいなため、前述のように勝海舟の家は、御家人とされてしまいました。それもしかたないところがあります。じつは幕府自体が「旗本身分」について、定義を明示しようとしなかったのです。

世間では旗本の定義として次の説が流布しています。

①家禄二百俵以上の家。
②御目見《おめみえ》以上の家。
③旗本は軍事用語で、幕府の小性組・書院番・新番・大番・小十人の五番士を指す。

①については「二百俵から軍役表に出ている」こと、時に百俵とするのは「百俵以下の

旗本が布衣《ほい》（六位相当）になると、百俵に加増があった」という裏付もあります。しかし、家禄実収百俵以下の旗本は、『寛政譜』に三百四十四家もあるのです。

③は西丸表坊主（『御府内備考』による。『武鑑』になし）にあった柳営故実に詳しい竹尾《たけお》善筑《ぜんちく》の『類例略要集《るいれいりやくようしゅう》』という本に記載があります。

御旗本御家人之唱《となえ》　差別　文化十四年（一八一三）八月　大目付衆江阿部飛騨守より問合之節　附札《つけふだ》（文略）御旗本は万石以下御番衆之通称　御家人と申は御目見以上御目見以下にて差別之儀には無之《これなく》

とあります。

少々わかりにくい文章ですが、「旗本とは軍事用語であって、御家人と総称するのは御目見以上以下の両方を指す。差別を示したものではない」と解されます。たしかに『寛政譜』には、御家人の用語に御目見以上と以下を含めて使っている例が多いのです。反面「御旗本にあるまじき所行」とか「子孫世々御家人たり」というように、御旗本・御家人を御目見以上以下で区別して、身分を示すように用いる例もあるなど混用が目立ちます。

もうちょっと竹尾善筑の記述を検討してみましょう。煩わしい作業が続きますが、おつきあい願います。

附札《つけふだ》とは、大名旗本から幕府に対して文書で質問し回答をうけるものです。『的例問答《てきれいもんどう》』『公用雑纂《こうようざつさん》』などのように、附札の文書を項目別に編集したものもあり、一種の公式文書といえます。

まず右の附札は他には重複発見はできません。それに文化十酉年には阿部飛驒守という大名は存在しません。文化十年時、阿部家の当主は阿部鉄丸正権《まさのり》です（文化三〜文政六年）。この人は病弱で何々守にはなりませんでした。阿部飛驒守正篤《まさあつ》はその次の代、文政六年〜天保二年までの当主です。

『類例略要集』は天保七年の序文ですから、正しくいえば当主の名は阿部能登守正瞭《まさあきら》です。この文を書き入れた時は、天保二年以前で阿部飛驒守が当主だったのでしょう。しかし、文化十年の附札には問い合わせ時の大名の名で記されるのですから、鉄丸とあったはずです。

竹尾善筑は本物の問い合わせもその写しも見ていなかったともいえます。本文も何となくはぐらかしたようなものです。私は竹尾の教養のなせる偽文でなかったかと疑っています。とすれば、③の定義もあやしくなってきます。

結論として、当時の『御触書《おふれがき》』や『寛政譜』には、身分として「御旗本（尊称として御をつける）・御家人」の用語があり、②の定義が穏当なのです。

ただ若干補足しておかねばなりません（このあたりが幕府制度のきわめてややこしいところです）。寛政三年（一七九一）十二月段階で、旗本に昇進していても、「永々御目見以上」の追加認定がないと、子孫が再び御家人に逆戻りになってしまうのです。このため、何割かは旗本に残れなかった家がありました。

これらのことも含めて、旗本の定義を作りましょう。

家禄万石以下で、代々、家として将軍家への御目見を許される家格を持つ家。

これが、いちばん無難な定義です。ただ、くりかえしになりますが、幕府制度はきわめて複雑であいまいな面があり、この定義にはずれるものがかなりあります。それらについては、「吉良上野介の『仲間たち』」の項で説明します。

寛政十一年末で五千百八十六家！

このへんで、本書のタイトルにも借りた、俗にいう「旗本八万騎」を取り上げてみましょう。もとより裏付けもない、末広がりの「八」を使って、多数を誇示したものですから、実数との関連を考えることは適当ではないのですけれど。

八万騎という以上、これは馬乗身分の騎士を指すとみるべきでしょう。そこで将軍家の所領を大名式に表示すると、幕臣の知行俸禄を加えておよそ七百万石です。七百万石の家臣数では、騎馬の士は御家人の与力と旗本家臣の騎馬士を加えても、五千騎が精一杯というところでしょう。

幕臣の数は大名家に比較して少ないのです。それに大きい大名には万石以上の家老が何家かあるのに対し、幕臣は万石以下の構成です。もちろん幕府に万一のことがあれば、二万石前後の譜代大名たちが馳せ参じるはずなのですから、この面も考慮すべきとは思いますが。

それにしても騎馬の士を二百石以上とすると、私が独自につきとめた旗本家の総数五千百五十八家（四八〜四九ページの表を参照）から百九十九俵以下の千二百二十五家を差し引くと三千九百三十三家しかないのです。

これに御家人で騎馬士の与力（数は未詳）と陪臣千騎（三千石以上の二百五十余家を平均四騎として）を加えても、五千騎〜六千騎の見当でしょう。八万人くらいはいるのではないかと思う読者も多いかもしれません。さて……。

ならば幕臣の総数を人で示したらどうでしょう。

幕府時代には当然、幕臣の台帳があったはずなのですが、不思議なことにまったく残っていません。流布している『旗本武鑑』も架蔵や図書館蔵本をみましたが、正確な史料となるものはきわめて少なく、多くは流布中追記訂正の入った不安定なものなのです。

古い時代のものはわかりませんが、おそらく幕府後期には、表右筆所《おもてゆうひつじょ》に「苗字別分限帳《みょうじべつぶげんちょう》」があって氏名・禄・住所を管理し、それは家督相続、転職ごとに旗本家から提出される「明細短冊《めいさいたんざく》」（身上書）にもとづいていたと私は考えています。「短冊」という以上、短冊式加除移動式になる台帳があったと思います。私は、国会図書館の未整理本中に、個人用に作った台帳をみました。また、勘定所《かんじょうしょ》には「役職別分限帳」（加除式でしょうか）があって、幕臣の給地・蔵米を管理していたものと個人的には推定しております。役職別のものとして我々が入手できるものとして、『御家人分限帳』が刊行されております。年代は正徳元年（一七一一）までのものとされ、内容は主として宝永二年（一七〇五）～正徳元年の七年間で、年齢が付記された編纂書です。

幕臣の「合計数」は年度の異なるデータがいくつかありますが、その一つ、享保七壬寅年八月御改の史料は各書に引かれており、松浦静山の『甲子夜話』巻十五にも収録されているくらい、当時も相当に流布されたものと思います。

(1)万石以上（超）　二百六十四人
(2)万石以下（未満）御目見以上（超）　五千二百五人
(3)御目見以下御家人　一万七千三百九十九人
（旗本御家人計〔(2)＋(3)〕　二万二千六百四人）
御目見以上（超）　二百六十四万一千五百十石
御目見以下（未満）　五十六万三千二百四十石
役料　十三万五百三十石

これ以降は『寛政譜』から、寛政十年（一七九八）末時点の存在家を抽出するのが、いちばん正確です。これなら個人名・家禄・役職歴任・年齢がわかります（ただし家禄百俵以下は記載せず、百十五俵は百俵余として十俵以下を余としています）。住所がないのは残念ですが、代々の祖先も葬寺までわかるのです。

さて、これだけ詳細なものです、ちょっと調べれば旗本の家の総数などすぐにわかると思われるかもしれませんが、そう簡単にはいかないのです。なぜでしょうか。

まず第一に、『寛政譜』は苗字別いろは順にはなっておらず、源平藤橘《げんぺいとうきつ》別の配列になっています。これだけでもわかりにくいのに、第二に絶家まで、ごていねいに記載があるのです。二十二冊の中から苗字別の索引を使っても、旗本家の総数を正確に示すことは容易ではありません。そんなわけでどなたも正確な数字を発表されておりません。ただ漠然と五千余家といわれてきたのが実情です。

私は『寛政譜』のほか国会図書館蔵本の『寛政呈書万石以下御目見以上国字分名集』（『寛政呈書』）を開いて確定作業に取りくみました。両者とも旗本各家より提出された家譜で作成され、『寛政譜』より一年遅れの寛政十一年（一七九九）末現在の事情がわかります。この作業でようやく旗本家の正確な実数が、完全に解明できたのです。

900石	42	42
800石	73	73
700石	149	149
600石	145	145
500石	433（1672）	433（1673）
400石	344	344
300石	840	843
200石	1,077（3933）	1,081（3941）
100石	881	890
100俵以下	344	355
	（51〜99＝243 31〜50＝ 81 30以下＝ 20	252 82 21）
合計	5,158	5,186
但	（米良家なし） （永々未承認67家入）	（米良家・里村家なし） （永々未承認70家入）

＊カッコ内の数字は累計

『寛政譜』による旗本家禄高別一覧表		
禄高	寛政10年末	寛政11年末
		(『旗本人名事典』)
9,000石以上	2	2
8,000石	4	4
7,000石	12	12
6,000石	21	21
5,000石	73	73
4,000石	37	37
3,000石	105 (254)	105 (254)
2,000石	160	160
1,900石	2	2
1,800石	11	11
1,700石	20	20
1,600石	10	10
1,500石	75	75
1,400石	16	16
1,300石	21	21
1,200石	57	57
1,100石	30	31
1,000石	174 (830)	174 (831)

(A)寛政十年末　　五千百五十八家（ただし米良家を入れていない）
(B)同　十一年末　　五千百八十六家（ただし米良家、里村家を入れていない）

これ以降増加する一方だった幕臣数ですが、幕末の多事の時代で記録に乏しいことと、洋式兵制の導入にともなう新たな軍職者の増加で把握困難かと思いましたが、思いがけず函館市立函館図書館に、慶応四年（一八六八）前後と思われる、幕臣数のデータがあることを知りました（箱館奉行支配調役並のち慶応四年御徒目付の加藤善太郎『胸中留』所載、『静岡県史』通史編、宮地正人氏の教示による）。それは以下のようなものです。

万石以下惣人員
　三万二千七百九十九人
　　内、布衣以上　　八百七十二人
　　御目見以上　　五千九百二十七人
　　御目見以下　　二万六千人

最幕末の時期でも、幕府内にはどこかに裏付けのある資料があり、都度総数を把握できたようです。その情報が関係者から伝わり、加藤善太郎が覚書の中に記入していたものと思われます。御目見以上計六千七百九十九人は、寛政十年末より千六百人余の増加、御目見以下は享保七年に比べ九千人近く増加していますが、当主と部屋住役職者を加えた納得できる数字と考えます。

幕府瓦解の後、旗本御家人は、

①静岡行
②帰農商
③新政府出仕

とわかれますが、静岡では、

a．布衣以上……………一等勤番士
b．御目見以上…………二等勤番士
c．御目見以下…………三等勤番士

と格付けされました。静岡県下では明治四年に、各自の「明細短冊」が提出され、その一部が今日に残っています。

「御目見以下」の人びと

ここで御家人の概要を説明しておきましょう。現在のところ一定年度の御家人の個々の氏名・所属が、細記されたものはありません。前出の『御家人分限帳』には、組屋敷に住んでいる与力・同心は、個人名を記さず、計何人となっています。総計二万三千人余とするのが幕府当局の総集計だったようです（なお近日、『江戸幕府御家人人名事典』〔約一万一千件を収録〕を刊行し、御家人研究の一石にと思っています）。

御家人の身分は役職序列・家格・式服・家督申渡席など、筆者にも理解できない複雑さがあります。ごく簡単に区分してみます。

A. 家禄のある身分（徳川家の家来筋）

①譜代席……家禄があり家督相続可。

②准譜代席（二《に》半場《はんば》とも称す）……①に同じ。家禄があるためBに比べ年収家禄は低い。無役の時小普請組に入るも、一部役職の家は目付支配無役に入る。

B．職禄による一代幕臣の身分（徳川家の雇人）

③抱入席……老年にて御暇《おいとま》になる。男子か親類に男子があればその人に番代として職務が継承される（一種の相続）。その人の能力により、Aに昇格し職務を家禄に振り替えられ、更に旗本に昇進すると、家禄はAより有利となる矛盾がある。

④庶民席（筆者の命名）……代官所の手代のように庶民から登用され、代官の交代により御暇となり庶民に戻る。

ここから③の抱入席、①の譜代席に昇進、さらに旗本昇格も可能。代官交代時に次期代官か他場所の代官に雇用されることも可能。なお、この項は幕臣総数の御家人には含まれない（代官属僚）と付記されている。

『大概順』には、未掲出の「御目見以下」には、御鳥見から牢屋下男まで、二百五十の役職があり、右の資格を付記されて並べられています。その数が二万三千余人というわけです。

実際にはAの人がBの役に、Bの人がAの役に混在して仕事をしています。その中には、幕臣といっても「苗字」「二本差」の許されない人びとも含まれています（たとえば「御六尺」「御下男」などで、『諸向地面取調書』から判ります）。さらにこのほか地方《じかた》役職での属僚（たとえば代官が農民などから雇う代官手代）は、『大概順』にもなく総数にも含めなかったようです。

この他、二つの区分もあります。

江戸城殿中席別

式日着席……御納戸前廊下　鳥見《とりみ》・御召船上乗役《おめしぶねうわのりやく》。
御台所前廊下　徒目付組頭ほか十職。

家督申渡席…旗本の菊間《きくのま》に対し、躑躅間《つつじのま》の上級者と焼火間《たきびのま》の者あり。いずれも前出Aの家。

役職申渡席…躑躅間・焼火間・土圭間《とけいのま》、その他下級者は支配頭宅でおこなう。いずれも前出Aの家。

礼服着衣別

上下着用（二種あり。平常勤務に上下［裃］を着することは誇りであった）

上下役《かみしもやく》……前出Aの家で家督申し渡しが躑躅間でおこなわれるのを「席以上」と唱え、鎗を立て熨斗目着用、両扉の門と玄関造作が許される。

役上下《やくかみしも》……前出Bの家で与力・御徒の人。鎗を立て熨斗目着用までが許される。これより以下が「席以下」と称せられる。

羽織袴着用

羽織袴《はおりばかま》……前出Aの家のばあい、家督申し渡しは焼火間でおこなわれる。Bの家のばあい与力・御徒を除くほとんどがここに含まれる。御徒・同心は自紋の羽織ではないので、「役羽織」と別称される。町同心のように外出時に袴をとる白衣勤務もある。

袴着用なし

白衣《びやくえ》……式日・勤務時に袴をつけない着流しの下働きの人。

旗本家と認知されない役職（一代御目見の役職）には、世襲の役職と昇進過程の役職と二種あります。『大概順』には「布衣以下御目見以上」に、旗本役職と混同していますが、序列はまちまちに記載されています。

その見分け方は、旗本役職にくらべ席が「御納戸前廊下」（同朋は無席）とされているところにあります。これにも二種の扱いがあります。

A. 世襲役職

代々家督相続をすると、この役職につきますので、旗本に認知されない役職でも実質的には旗本扱いの継続でした（千人頭・同朋）。

B. 御目見以下より昇進、一代御目見以上になる役職

『寛政譜』では、この役職につくと、「拝謁を許さる」とし、「班をすゝめ」とは書きません。ここから旗本役職につき昇格する人も多くありますが、ここで止まると子孫は「御家人」に戻ることになります（小普請方改役とか作事方下奉行）。

一万七千余人の御家人と、代官所（在所・江戸）・遠国役職の属僚（別管理）の総人員の管理をどうしていたのでしょうか。旗本と同様に一万七千余人の御家人も「明細短冊」は出していますが、今のようにコンピュータのない時代の人員管理方式は、想像不能といえましょう。

このように特に御家人の実状は、今となってはわからないことも多いのです。

大久保彦左衛門の「立場」

徳川家が天下を取り、重臣は大名に、一般家臣は旗本に列し、共に天下の御政事に参与できるなど、めでたいかぎりのはずですが世間では冷たい風も吹きます。そう、せっかくこれまで徳川家に仕えてきたのに、「幕臣」になれなかった人、家もあったのです。逆に低い身分、あるいは外様《とざま》から「幕臣」になった人、家もありました。ここでは、そういったさまざまな例を具体的にご紹介してまいりましょう。

一万石以上の家でも御三家の附家老五家（尾張の成瀬家・竹腰家、紀伊の安藤家・水野家、水戸の中山家）はまだいい方です。たいてい御三家の一万石以上は、元直参であっても幕末まで陪臣の身分でした。万石以下の名門嫡家であっても、元同僚である有力譜代大名に付けられた家々が、意外に多勢あったのが実状でした。

派遣された人は、落度があって左遷出向させられたわけでなく、むしろ武勇の士であり信頼できる人として、派遣されたわけです。

たとえばこんな例があります。幕末ちかくに長坂血鎗九郎《ながさかちやりくろう》という家があります。祖先は武勇の士で近世には、外出に総朱柄の鎗を立てる数少ない家ですが、実は旗本は分家で嫡家は本多家（姫路より岡崎）に三千石の家としてあり、代々本多家家臣で長坂血鎗九郎を称しております。幕府後期に分家の旗本長坂家（千石）が血鎗九郎を称することになった理由はわかりませんが、派遣された家が歴々の家であった一つの証でもあります。

先にもご紹介した寛政十年（一七九八）に幕府により編纂された大名・旗本の家譜を集成した『寛政重修諸家譜』は、旗本研究に不可欠な貴重な史料であり、根気よく拾えば五千百五十八家の旗本家が完全に把握できることはすでに述べました。そこからわかることは、子孫の多かった旗本家は、幕初には二男、三男も新規に召出され、徳川一門の御三家・忠長《ただなが》・綱重《つなしげ》・綱吉《つなよし》の家の創立時に附属されるなど、就職の心配のない状態だったということです。

御三家に附けられた人は陪臣となりますが、それ以上はのちに幕臣にもどり、旗本・御家人になりました。忠長は改易され、綱吉・家宣（綱重の子）とも将軍家を相続したからです。このため幕臣は飽和状態となり、二、三男の召出しはなくなり、養子にゆくか生涯部屋住みという悲惨なものになります。

一門だけでなく、徳川家の三河以来の重臣たちも大名に成長しますが、主人の徳川家のように家臣の補給が追いつかず、徳川家より有能な旗本家とその子弟を供給しつづけて、有力大名として充実させ何とか形を整えます。

徳川家の急成長は、三河半国の豪族から天下人となるまで約五十年余で、この間、三河の地侍や今川・武田・北条の有能な遺臣を召抱えますが、重臣たちはそう簡単にはいきません。だから、徳川家から人を出すことになるわけです。先にのべた長坂血鎗九郎の本家などもそういった例でしょう。

徳川家も三河時代は一軍団の単位でしたから、重臣を二、三手の長とすれば形成できました。しかし大きくなると一手の長が自分の軍団を持たないと、大国の大名の軍備が作れません。

関東の大半を領する大大名となりますと、十万石三千人の軍団が井伊・榊原・本多・結城の四家、それを主人の旗本備《そなえ》の周囲に配して、徳川総軍団六、七万人を構成することになります。

成長企業がどんどん人を採用するように、初期徳川家は次々に人を召抱え、かつ子会社に人を出向させるように、旗本の二、三男を譜代の家に付けていったわけです。

さて、よそに人を派遣するとなると、主家に有能な人を残すと思いがちですが、実際は軍事・行政に有能な人を出し、古い家筋の人や、三河松平家の家々も配属しました。一つには戦国の習いとして、重臣の家を監視する意味が重要だったからでしょう（この前後は煎本増夫『江戸幕府と譜代藩』雄山閣参照）。

『寛政譜』の大名家譜には、関ヶ原合戦までに徳川家より派遣された家臣個々の名前が示されており、井伊家の有名な赤備《あかぞなえ》のように武田遺臣を一括して組み入れた例も詳述してあります。

有名な「天下の御意見番」、大久保彦左衛門忠教《ただたか》は、生粋《きっすい》の三河旗本と思われますが、なかなか複雑な立場にいます。はじめは直臣でしたがあとは兄忠世《ただよ》の大久保軍団の一員として活躍し、直臣ながら家禄は甥忠隣《ただちか》の所領内で二千石を給されるという曖昧な身分になっていました。

甥忠隣の改易が彦左衛門には幸いで、駿府で家禄千石（のち二千石に戻る）に減らされ旗本に召し出され身分が決まりました。もし忠隣の改易がなかったら、旗本か大久保家の族臣かはわからなかったようです。

家臣の派遣は一門・譜代大名にかぎりません。小さな外様大名にも監視を主とした目的で実例があります。

たまたま徳川家より派遣された人の子孫が、陪臣から直参に復帰したいと出訴し改易されたことが、大和小泉領主片桐家の家譜に出ておりました。派遣された旗本三家の家禄は、合計千三百石余として片桐家の表高に繰り込まれていますが、一家平均四百石余と中堅の士が片桐家与力の家臣として三人も配属されたわけです。他の家にも家譜の記載はなくても、意外に多く配属があったと私は推定しています。また復帰を望んでもほとんど許されなかったことが推察できます。

このように各大名家に配属される場合も、一定のルールはありません。時により家によってまちまちでした。『寛政譜』は主として「附属」の他に「属臣」「与力」の用語を使いますが大別してみます。

①三河時代徳川軍団内の先手組（部隊）に所属配置され、指揮下に入る（寄親・寄子）。
②五ヵ国大名時代、重臣を各要地に守備させた際、軍力不足に対し個々に配属したり、集団兵力として派遣（与力騎士、多くは再び徳川家に復帰するも、そのまま③に移行した家もある）。
③重臣の軍団が創立され、兵力が明らかに不足しているので、その補充として直臣を派遣。
④初めは直臣として召出され、同族の長が作る軍団に配属され家臣となる（前出大久保

彦左衛門の例と後出森川家の例）。
⑤一門創立時に家臣として派遣（御三家などの家臣）。
⑥外様大名より親近の証として直臣の派遣を依頼され、監視（目付）として派遣。
③について、井伊・本多・榊原家を、『寛政譜』等より簡単にみてみます。

【井伊家】

井伊直政が生家没落後、徳川家に随身した時は、孤児で家臣もない状態でした。家康はその能力を高く買い、直臣を多数派遣し、さらに武田家滅亡後その遺臣を一括配置、井伊の赤備として有名でした。

【本多家】

本多忠勝は一村領有家臣六人くらいの地位でしたが、家康は軍団指揮力を評価して、多数の直臣を派遣し、忠勝の強力軍団として有名でした。忠勝が大多喜《おおたき》十万石になるまで、与力騎士に対しての俸禄は徳川家の負担でした。配属された人の子孫は、本多家で「御附人」として一般家人と別格にされていました。前出の長坂血鎗九郎もその一人です。

【榊原家】

榊原康政のところにも数多くの直臣が派遣されました。その中の原田・中根・村上家は後々までも、幕府より千石を給し、榊原家より別に二千石余を給されていました。幕府時代では珍しい家です。さらに竹田・伊藤・榊原家を加えた六家は、幕府時代正月三日に二人ずつ交代で、陪臣ながら将軍家に御目見が許される特権を有していました。前者の三家は幕府後期に、幕府に対し給地千石での旗本復帰を願い出ましたが、幕府は統一した見解で復帰を許しませんでした。

このように『寛政譜』の「附属」という文言は、すべて陪臣化したわけではありません。直臣に戻った人もあれば、陪臣化は不満として逐電した事例もあります。たとえば内藤家長（後代に延岡侯）には、家康嫡子信康自刃後その家臣二十五人を附属されますが、他に五人は附属を嫌って逐電したという記事があります。

このように『寛政譜』には附属された家々は、刻明に人名も記載されていますが、その一方で、徳川一門の御三家・越前家の本分家とも記載がありません。こうしたことも含め、陪臣となった家、幸いに復帰できた家、陪臣への不満から家名の消えた家々は多数あったものとみるべきでしょう。

吉良上野介の「仲間たち」

旗本の大多数は若年寄の支配ですが、特別扱いされる家もあります。その代表的存在が高家《こうけ》と交代寄合です。これらの家は老中支配であり大名と同じ扱いになります。その他、旗本ではないが旗本並みの扱いを受ける御三卿の家臣が、特異な待遇を受けていました。ここではそうした家をご紹介しましょう。

高家・交代寄合の多くは、旧時代の名族の子孫が、万石以下の采地を給されたものです。読者が「高家」と聞いてピンとくるのは、赤穂事件の敵役、吉良上野介義央でしょう。吉良家は高家筆頭の家格でした。幕初は吉良家に加えて故実に詳しい大沢・宮原・一色の四家でしたが、寛永から宝永までに増加し、合計二十六家になりました。以降それが固定化します。

この内の十数家くらい（部屋住も入る）が奥高家《おくこうけ》といわれる役職の高家に就任し、主として京都関係の儀礼、交渉を担当します。非役の高家一同は、表高家《おもてこうけ》となり無役待命組ですが、無官でも乗輿《じょうよ》・白無垢《しろむく》着用を許される特権がありました。さらに高家のうち横瀬家は「屋形号」、宮原家は総柄青貝鎗を認められます。

交代寄合は旧家や大名の分家が列します（古い『武鑑』には一括されていました）。また大名と同じように隔年参勤交代をしますが、何年かに数日江戸に来るだけでいい家もありました。そうした家は、妻を在所に置いています。

【表御礼衆《おもておんれいしゅう》】

大名と同じ扱いで、定例登城日には、帝鑑間《ていかんのま》・柳間《やなぎのま》の大名嫡子の次につづいて御目見をします。表大名と同じく表御殿での御目見なので表御礼衆といい、帝鑑間《ていかんのま》四家・柳間《やなぎのま》十六家の計二十家で幕末まで続きます。このうち、山名家・最上家は「屋形号」を称しました。

【四州《ししゅう》】

那須衆四家・信濃衆三家・美濃衆三家・三河衆三家の合計十三家で、四つの国に分かれているので四州としゃれていいました。那須衆は隔年参府し、他は何年かに一度参府し数日で帰ります。かりに定例登城日があり登城すると、畳廊下で御通りがかりの御目見となります。ですから御勝手《おかつて》（表でない）御礼衆といいました。このなかで幕末に四州に扱われた松平長沢家は『武鑑』には乗輿・白無垢着・総柄青貝鎗の特記があります。
この他に四州と同じ扱いに、次の家があります。

【岩松《いわまつ》家】

新田《にった》家の子孫ですが、家康の関東入国に際し愛想の悪い対応をしたため、百二十石の采地しか与えられませんでした。そのため家の格式を保ち無禄の家臣を養うのにたいへん苦労しました。正月三日に御勝手御目見にだけ参府し、白無垢着用が許されました。

【米良《めら》家】

南朝の「忠臣」、菊池氏の子孫で、肥後の山地に住居しました。広大な領地ですが、米が取れず無高の扱いで、しかも人吉の相良《さがら》家の支配とされたので、『寛政譜』には独立家譜がなく、相良家譜の中に細字で紹介されております。

さて、これらの筋から大名に昇格している家に喜連川と松前の二家があります。

【喜連川《きつれがわ》家】

関東管領・古河公方《こがくぼう》の後裔で、五摂家と同じく「御所号」を称し、家臣たちから「御《ご》所様《しょさま》」と尊称されます（旧家の交代寄合や有力大名には「屋形号」が許されることは先述しました。ちなみに将軍家は「公方様」です）。無位でも左馬頭《さまのかみ》・左兵衛督《さひょうえのかみ》を私称しております。『寛政譜』では代々の譜は大名と同様ですが、いつから所領五千石の当主が大名として扱われたのか、正規の記述がありません。『武鑑』では享保三年（一七一八）頃より大名に、正徳四年（一七一四）は高家に出ています。

【松前《まつまえ》家】

享保四年（一七一九）一月十五日より万石以上となり、触書は交代寄合並とされながらも昇格しました。その後変遷もありますが、嘉永二年（一八四九）には城主、安政二年（一八五五）には三万石と、外見は立派な大名にかわりました。しかし『寛政譜』の書式は、生年がなく法名が二字と、「附家老《つけがろう》」と同じく劣った扱いになっています。

尾張・紀伊・水戸の御三家の家臣は、附家老以下すべて陪臣とされ（第二章参照）、諸大名の家臣とは僅かな扱いの格差があったくらいです。一方、田安・一橋・清水の御三卿は当主が十万石を給されても、大名ではなく将軍家の別居家族とされていましたから、その家臣は幕臣扱いとされました。それらの家は『武鑑』に掲示されますが、曖昧な面が多く説明しにくいものです。御三卿が江戸城住↓三万石給与↓十万石別館住と扱いが変わってゆく過程で、召使う家臣の格付が複雑化してゆくからです。段階的にみてゆきます。

江戸城に住し三万石を給されていた時

使用人は幕臣と、その部屋住厄介や近親者が幕臣に召出され付与されました。その中には御家人の家もあり、勤務を認められ館の小十人・大番に就き、幕職と同扱いという理由で、御目見以上になります。さらに幕職御目見以上の役職に転職する事例もありますが、この場合『寛政譜』には「班をすゝめ」と明示されていません。

十万石の館に移って以降

附人《つけびと》……幕臣から転職してきて、再び幕職に戻ります。完全な幕籍の幕臣です。主として「八職《はっしょく》」(用人や勘定奉行など八つ)という重職につきます。『大概順』には出ていませんが幕臣で、職禄の半分が幕府支給でした。

附切《つききり》……(A)幕臣の二、三男(厄介)より、幕府が指名して館に勤務させます。籍と俸禄は館にあります。たとえば当主が尾張家に養子入した時、附属して行く人は幕臣籍となり家禄がつきます。また館勤務中に附人に昇格することもあります。

(B)次の邸臣より能力によって昇格する人があり、さらに附人の昇格もあります。詳細な記録が少ないので明確に説明しきれず、この身分が曖昧です。

邸臣《ていしん》……十万石になると組織として、附人・附切では不足します。幕府の認知はなくても、附人の家老たちの裁量で採用しますので、実質的に了承済なのでしょう。館主に御目見以上も以下の人もありますが、以下から能力によって重い役職につくこともあり、その時の身分にはわからないことがあります。

御三卿家臣は、御三家の家臣と違って陪臣ではなく幕臣身分として扱われますが、少し曖昧なところがありました。

なお家臣は外部から、清水家は「清水殿附《づき》」、他の二家は「田安殿勤《づとめ》」「一橋殿勤」と呼ばれます。清水が優位とされるのは、寛政七年（一七九五）に清水重好が卒し家臣一同（以上も以下も）全員幕府に吸収されるということがあったことによります。『寛政譜』と『江戸幕府旗本人名事典』の原本で、少し調査し「御三卿家臣の身分について」（『柳営』第一四号）として発表してありますので、興味のある方はご参照ください。

悲願二百八十余年！

御三家の附家老五家といっても、かつては同僚であった譜代大名とは格差が生じます。『寛政譜』に記載はされますが、その書式も生年はなく法名も二字と旗本並にされ、江戸城に登城しても大名並の伺候席もありません。唯一の同格は嫡子の五位叙任であり、これは城主大名の扱いでした。

御三家への配属時には懇望されて、万一分家に異存がある時には、徳川本家の立場で対処せよと命ぜられたものの、その後は「陪臣」の冷遇が続きました。

まして一般大名に、与力騎士として附属された人は、はじめは協力者としての処遇であっても、まもなく主従の立場にかわります。前出の内藤家のばあいのように、はじめから身の不運として失踪する人が出るのもやむをえません。

関ケ原合戦で徳川家の天下が確定すると、附属の家は原則復帰を許されません。「其方の主人は附属先の家」と、主従体制という武家制度の秩序優先から幕府は豹変してしまいます。とはいえ、その中にも異例がありますのでご紹介しましょう。

【森川家】

この家は本家が、附属の同族家を旗本に召出すよう、懇請しました。金右衛門氏俊は戦場に功を挙げますが、家禄は二千石と少なく、命により同族六人を召出し別禄の与力とされ、他に足軽五十人を預けられました。その子氏信も父の与力六騎歩兵（足軽）五十人を継続して預かりましたが、寛永十年（一六三三）に申請して与力の六家を幕府の旗本とすることが許されました。もし森川家が万石以上の大名であれば、前出の片桐家のように与力の禄を高に加えて家臣とされたと考えられますが、きわめて珍しい事例といえます（本家は幕末まで本郷森川町に住居しています）。

【桜井家】

庄之助勝次は岡崎で家康の家臣に召出されました。浜松で先手組の本多忠勝の組に配属され数々の戦功を重ねます。徳川家より遠江で知行を給され、指物《さしもの》も茜《あかね》の四半（縦三尺幅二尺か）にせよと命ぜられています。さらに遠江で加増もうけ、附属か直臣か不明の形で死にます。子の庄之助勝成は天正十八年（一五九〇）家康の仰せで、本多忠勝に属し大多喜城にあって忠勝没後も子の本多忠政に仕えました。慶長七年（一六〇二）ゆえあって退去、姓名を変え田中吉政に勤仕しました（問題の有無は不明）。

元和元年（一六一五）、大坂落城後に二条城で家康が懐古し、

「昔桜井勝次という忠節の士がおり、その死去の報に涕泣したが、その子はここ七、八年所在がわからない、誰か知っているか」

と仰せになりました。本多忠政が、

「勝成は本多家で不義があり、今は田中吉政の許におります」

と答え、さっそく田中吉政が駿府に勝成を連れて伺候しました。

家康は勝成に対して、

「父勝次は武勇にして戦功を重ね、万一、忠勝の病の時には、三千や五千の兵を替わって指揮できる武士であった」

と回顧され温かい仰せをたまわりました（本多家が大多喜城に移った時、家禄は本多家よりの支給にかわったと考えられます。不義にして退去しても本多家より「奉公構《ほうこうかまい》」は出されなかったようです。そこに徳川家より思いがけない懇ろな言葉が出る珍しい事例です）。

田中吉政に桜井家を気にかけているとの仰せが正式に届き、元和二年（一六一六）家康薨後江戸に出て、酒井忠世・土井利勝の取次で秀忠に謁して書院番として召し出され

ました。

これで済めば何でもない話ですが、先主の本多忠政よりクレームが入ります。「勝成はもと忠政への附属の臣です、田中家から呼び戻すなら忠政に附属させられたい」というのです。

勝成は「辞して、私は家康公より召出の仰せをうけました。ここで忠政に属すれば家康公の御心に順ずることになりません。強いて忠政が強請するのなら、私は日光山の東照宮の庭掃除になります」と答えます。

将軍秀忠は「勝成にも忠政にも言い分がある、そこで勝成が徳川家に勤仕しても、俸禄はないことで収めよう」と、将軍といえども主・従の筋目に苦労しています。

けっきょく八年間無給勤仕の実績をもとに、桜井家は旗本に再復帰し最高千八百石の家禄をうけました。

【近藤家】

井伊直政は古くより遠江井伊谷に住しており、生家没落後、家康に謁して臣従し、譜代大名の筆頭に登りつめます。しかし初めは孤児で家臣もない状態で、徳川家より多数の直臣が附属されたことは先述のとおりです。

その中に井伊谷の近くに近藤（秀用《ひでもち》）・鈴木・菅沼の「井伊谷三人衆」があり、徳川家家臣となり従軍しますが、天正十二年（一五八四）に井伊家に附属されます。附属とあっても実質上の家臣です。

天正十八年（一五九〇）、小田原戦に秀吉・家康にも賞される戦功を挙げるも、井伊家が上野箕輪城に転じ井伊谷を離れることになった際、近藤秀用は徳川直臣に列する考えを持ちました。

井伊家を退去しても主君井伊直政は家臣団の統率上、容易にこれを認めず、あらゆる面で勤仕を妨害しました。秀用は幕臣である長男の季用《すえもち》に同居したり、地方に潜居せざるを得ず、十三年も浪々の身となりました。

しかし井伊直政が意外に早く慶長七年（一六〇二）、四十二歳で卒去し、念願の旗本に戻り五千石、のち一万七千石の大名にまで立身します。しかし、大名に残らず全禄を一族に分与し、紀州家、越前家に勤仕している家も願って復帰させた近親と、その分知で八家の旗本家が誕生しました。

旗本に復帰できた事例は少ないのですが、桜井家、近藤家においても附属先の大名が、自分の家臣だと主張すると、将軍家としても手の下しようがありません。

武家社会の秩序を維持することが、幕府体制を強固にすることですから、附属の人々にとって復帰は至難の業でした。

もう一例、陪々臣から陪臣への格差解消の騒動がありました。古く元亀元年（一五七〇）に家康直臣武功の士九十家が、大須賀康高に附属され、横須賀組となり、つづいて安藤直次に附属がえとなりました。いずれも臣従ではなく与力の附属でした。

安藤直次が紀伊家の附家老になるとき、安藤家に家臣として附属された家は三十六家ありました（他は附家老水野家と紀伊家と絶家となっています）。安藤家附属与力は家禄二百石（安藤家三万八千八百石は、この与力分七千二百石と田辺町同心千六百石を含めた所領でしたから、端数もあり与力も臣従となります）その後は陪々臣となったものの、同じ安藤家家臣に対しては、尊大で威張った存在で「横須賀組田辺与力」として、別格を主張した勤仕でした。

横須賀組として附属されてより二百八十年余を経た幕末の安政二年（一八五五）に、家系を保持していた二十家が、安藤家を離れ紀伊家への勤仕替の騒動を起こしました。翌年「御暇《おいとま》」を申し入れ、立退き浪人となりました。その後幕府筋の耳にも届き、文久三年（一八六三）紀伊家に士分として勤仕を許され、家禄半減松坂城城番に全員赴任し、事件が解決しました（中村豊秀『幕末武士の失業と再就職』中公新書）。

本来なれば幕臣復帰が願いであったのでしょうが、とりあえず陪々臣より陪臣への復格が精一杯でした。

それにしても明治維新直前でも、こうした事例があったのです。まさに二百八十余年の悲願の歴史といえましょう。

第二章　幕府の人事と組織

『大概順』とは何か

幕府という巨大組織（最初は軍事組織、のちには官僚組織）はどのように構成され、運営されていたのでしょうか？　また個々の武士の勤めぶりはどのようなものだったのでしょうか？

なんといっても三百年近く続いた組織ですから、時代によっても違いますすし、形骸化してしまった役職や新設された役職もあります。そのすべてを把握することなどとても無理だったと思われます。とはいえ本章ではその実態に少しでも近づいてみましょう。

まず、どんな文献や史料に当たったらよいのかから。

幕府役職には「師匠番」というものがありました。この師匠番はそれぞれの役職の伝承をたもつのが役目で、それをそのまま記録したもの（御奏者番文書など）や、要約した覚書類がその役職をつとめた家には保存されていました（筆者の手許にも三田村鳶魚翁の永年に亘る蒐集文書として残っており、御目付・御留守居・奥右筆などの残片や、御家人役職としても御徒目付組頭・大番与力のもの、さらには旗本の家臣の記録類にまで及んでいます）。これらを見るのがまず一法といえましょう。

それにしてもこれらはごく僅かなものです。知りたい役職のことが書いてあるとはかぎりません。幕職の職務については、当時の解説書をみるのがベターです。これを役職別に編集したものが、『古事類苑』官位部三です。

なかでも『明良帯録《めいりょうたいろく》』（『改定史籍集覧』所収）という書物がいちばん詳しく、役職の昇進経路まで知ることができます。著者は小田原藩士の山県彦左衛門《やまがたひこざえもん》とされ、この人はこうした作業が幕府に忌避されたのでしょうか、のちに別の写本の件で「武家奉公構《ほうこうかまい》」となりました。おそらく幕臣のなかにも同好の協力者があってこうした本が作られたものでしょう。

さて、『明良帯録』は当時の人の著作でもあり、なかなか細微な記事もあって重宝なのです。ただ、先に「役職の昇進経路まで知ることができ」ると記したものの、その役職昇進表には若干疑問の残るところがあります。むしろ、昇進を調べるとすれば、やはり『寛政譜』と拙著『寛政譜以降旗本家百科事典』での個々の職歴を調べるほうが正確だと思います（手前味噌で恐縮ですが）。

いずれにせよ、幕府人事には制度の曖昧さ、情実人事、中奥《なかおく》系人事厚遇などの不条理が多いので、画一的な昇進コースや職務内容は求めにくいことを知っておく必要があるでしょう。

さて、いよいよ幕臣の役職序列表である、『大概順《たいがいじゅん》』についてご紹介しましょう。

幕府は制度の内容を表示しない原則ですから、『御触書集成』には「殿中席書」「支配役職」として役職序列の一部を明示してある程度です。吉宗の代に制度が整い、足高《たしだか》制の職禄も確定してくると、その頃から市中に流布する写本『柳営秘鑑』に御家人までの役職名のみの列記がみられるようになります。『武鑑』を併用すれば、詳しくわかるようになりました。

刊本としては天保度に『武家格例式』『殿居袋』に付載されます。その他横長袖珍《しゅうちん》式（ポケットサイズ）のものが出回りはじめます。これが『大概順』です。表紙に『大概順』と標示され、幕末の新軍制にも対応して刊行されるようになります。旗本の好事家の作成と思われる非公認刊本ですが、内容は当局より入手したらしい正確なものです。

幕府内部では奥右筆《おくゆうひつじょ》所の所管で、御用部屋記録の『諸事留』や架蔵の奥右筆組頭の覚書などには、新役のできた時には「何之役次何之役上」と老中の指示で、そのつど改正がありました。

そもそも徳川家の制度は、軍職優先の序列で、役方行政職は低位であり、とくに勘定系の代官・勘定は低いのです。反面、右筆は戦陣に従軍した名残として軍職と同格です。序列としては、五位でも布衣《ほい》の下位、職高が多くても少ない役職の下の格付けとか、異常な配列になっている点に注意して下さい。八四ページから九六ページまでに『大概順』の、万石以下御目見以上の部を掲出しました。御目見以下の部もありますがページ数の関係で省略しました（御目見以下の分も天保七年［一八三六］度で、すべて№をつけて『江戸幕府旗本人名事典』別巻に記載してあります）。

また無役の「寄合・若年寄支配」「小普請・小普請組支配の支配（御目見以上）」「小普請・小普請組支配の組（御目見以下）」「御目付支配無役・御目付支配（小禄の御目見以下）」は入っていません。以下少し説明します。

項目は、

①布衣以上大概順（№1〜№83）
②布衣以下御目見以上大概順（№1〜№112）
③御目見以下大概順（№1〜№250）↓本書では省略

に分けられます。

①は重き御役人、②は番衆と小役人です。公文書にもそう書かれていました。ただし、

②の内どこからが小役人とすべきかはわかりませんが、公文書に御目見以上でも「小役人」の用語があります。

布衣は官位ではありませんが、礼式日に布衣という独特の装束を着し、通俗的には六位相当と称します。重き御役人なので任命（赴任も）は将軍家の御座之間で、老中が御取合《おとりあい》（将軍の言葉に対し、任命された人の返答を取り次ぐ）をします。御前で申し付けられるのですから、処遇がまったくかわります。

○印で示した五位の諸大夫とは次のような意味です。旗本も従五位下○○守に叙任されます。大名では城主は当主・嫡子とも、無城は当主のみ従五位下○○守に叙任され、特格の家は従四位下・従四位下侍従・正四位下少将の初叙もあります。大名・旗本の他は、御三家と加賀前田家の家老だけが、従五位下を許されました（詳細は拙著『江戸幕藩大名家事典』に所収）。

旗本では交代寄合《こうたいよりあい》榊原家（久能千八百石）のみ、当主家督で従五位下です。他の当主惣領は『大概順』に○印をしてある役職に任命されると、だいたいその年の十二月十六日に叙任されます。

ただし高家だけは、初官従五位下侍従（京都に行く御用のため）の初叙で、正四位下少将まで昇任します。これは京都御用に際し、京都より昇進の口添があるからです。その他官名にはむずかしいきまりがありますが省略します。

実際に表を見てみましょう。時代小説ファンならおなじみ、鬼平こと長谷川平蔵の役職はどのくらいの地位なのでしょうか？　じつは『大概順』に火附盗賊改の項はないのですがカッコして入れておきました。

布衣以上大概順のNo.55「御先手弓・筒之頭」（八七ページ）がそれに相当します。火附盗賊改は俗に「加役《かやく》」と称して御先手弓・筒之頭から一名が出役することになっていました。毎年十月から翌年三月にかけてさらに追加の一名が出役し、その時点で先任者を「加役」の本役と称し、追加の新任者を単に加役と呼び習わしました。

番頭や多くの奉公職よりは下位の序列ですが、目付や組頭、勘定吟味役などよりは上位であり、やはり「重き御役人」であることがおわかりでしょう。一見、無味乾燥な表ですが、それぞれの興味からごらんくだされば幸いです。

No.	役　　職	職　　禄	支　　配	殿中席
24	駿府御定番	1,000石高 御役料700俵	老中	芙蓉
25	禁裡付	1,000石高 御役料 1,500俵	老中　○	芙蓉
26	仙洞付	持高（礼典録・1,000石高）	老中　○	芙蓉
27	山田奉行	1,000石高 御役料 1,500俵	老中　○	芙蓉
28	日光奉行	2,000石高 御役料500俵	老中　○	芙蓉
29	奈良奉行	1,000石高 御役料 1,500俵	老中　○	芙蓉
30	堺奉行	1,000石高 御役料現米600石	老中　○	芙蓉
31	駿府町奉行	1,000石高 御役料500俵	老中	芙蓉
32	佐渡奉行	1,000石高 御役料 1,500俵 御役扶持 100人扶持	老中	芙蓉
33	浦賀奉行	1,000石高 御役料 1,000石	老中	芙蓉
	（新潟奉行）	1,000石高 御役料 1,000俵	老中	芙蓉
	（羽田奉行）	1,000石高 御役料 1,000俵	老中	芙蓉
34	西丸御留守居	2,000石高	若年寄　○	中

(1) 布衣以上大概順　　天保7年刻『武家格例式』

No.	役職	職禄	支配		殿中席
1	高家	1,500石高	老中	○	雁
2	御側衆	5,000石高	老中	○	—
3	駿府御城代	持高　御役知2,000石	老中	○	雁
4	伏見奉行	持高　御役料3,000俵	老中	○	芙蓉
5	御留守居	5,000石高	老中	○	芙蓉
6	大御番頭	5,000石高	老中	○	菊
7	御書院番頭	4,000石高	若年寄	○	菊
8	御小性組番頭	4,000石高	若年寄	○	菊
9	林大学頭	3,500石高	若年寄	○	山吹
10	田安殿家老	持高　公儀より1,000俵　屋形より1,000俵	老中	○	芙蓉
11	民部卿殿(一橋)家老		老中	○	芙蓉
12	宮内卿殿(清水)家老		老中	○	芙蓉
13	大目付	3,000石高	老中	○	芙蓉
14	町奉行	3,000石高	老中	○	芙蓉
15	御勘定奉行	3,000石高	老中	○	芙蓉
16	御旗奉行	2,000石高	老中		菊
17	御作事奉行	2,000石高	老中	○	芙蓉
18	御普請奉行	2,000石高	老中	○	芙蓉
19	小普請奉行	2,000石高	若年寄	○	中
20	甲府勤番支配	持高　御役知1,000石	老中	○	芙蓉
21	長崎奉行	1,000石高　御役料4,402俵1斗	老中	○	芙蓉
22	京都町奉行	1,500石高　御役料現米600石	老中	○	芙蓉
23	大坂町奉行	1,500石高　御役料同前	老中	○	芙蓉

No.	役　　職	職　　禄	支　　配	殿中席
57	御使番	1,000石高	若年寄	菊
58	御書院番組頭	1,000石高	若年寄	菊
59	御小性組与頭	1,000石高	若年寄	菊
60	駿府勤番組頭	500石高 御役料300俵	城代	—
61	御鉄炮方	持高	若年寄	躑躅
62	西丸御裏御門番頭	700俵高	若年寄	躑躅
63	御徒頭	1,000石高	若年寄	躑躅
64	小十人頭	1,000石高	若年寄	躑躅
65	御小納戸	500石高	若年寄	—
66	御船手	700俵高	若年寄	躑躅
67	二丸御留守居	700俵高	若年寄	焼火
68	御納戸頭	700俵高	若年寄	焼火
69	御腰物奉行	700俵高	若年寄	焼火
70	御鷹匠頭	1,000石高 御役扶持20人扶持	若年寄	焼火
71	御勘定吟味役	500俵高 御役料300俵　乗物代30両	老中	中
72	奥御右筆組頭	400俵高 御役料200俵　金24両2分御四季施代御納戸渡り	若年寄	—
73	姫君様方御用人	300俵高 御役料300俵	若年寄	桔梗
74	木村又助	400俵高	若年寄	焼火
75	河合次郎右衛門	300俵高	若年寄	焼火

No.	役職	職禄	支配	殿中席
35	百人組之頭	3,000石高	若年寄	菊
36	御鎗奉行	2,000石高	老中	菊
37	小普請組支配	3,000石高	老中	中
38	新御番頭	2,000石高	若年寄	中
39	御持弓・筒之頭	1,500石高	若年寄	菊
40	火消役	持高　御役扶持300人扶持	若年寄	菊
41	御小性	500石高	若年寄　○	—
42	中奥御小性	持高	若年寄　○	山吹
43	林左近将監	300俵高	若年寄　○	山吹
44	御台様御用人	500俵高御役料300俵	若年寄	桔梗
45	御簾中様御用人	500俵高御役料同前	若年寄	桔梗
46	今大路中務大輔	1,200石高	若年寄　○	柳
47	半井刑部大輔	1,500石高	若年寄　○	柳
48	意安法印	700石高	若年寄	柳
49	竹田芭丸	1,000石高	若年寄	柳
50	法印・法眼奥医師	持高　御役料200俵	若年寄	連歌
51	狩野晴川院	200石20人扶持	若年寄	—
52	北村季文	500石高	若年寄	柳
53	大坂御船手	持高	老中	躑躅
54	御留守居番	1,000石高	老中	中
55	御先手弓・筒之頭	1,500石高御役扶持60人扶持	若年寄	躑躅
	(火附盗賊改)	No.55より1名　加役と称す	老中	—
56	御目付	1,000石高	若年寄	中

No.	役　　職	職　禄	支　配	殿中席
76	成島邦之介	200俵高 御役料200俵	若年寄	—
77	小堀主税	600石高 御役料 1,000俵	所司代	躑躅
78	美濃郡代	400俵高	勘定	焼火
79	西国郡代	400俵高	勘定	躑躅
80	飛騨郡代	400俵高	勘定	躑躅
81	中野又兵衛	350俵高 御役料100俵	勘定	焼火
82	石原清左衛門	200俵高	京町奉行	躑躅
83	布衣御代官	150俵高 御役料不同	勘定	躑躅

○印は五位諸大夫

(2) 布衣以下御目見以上大概順

No.	役　　　職	職　　禄	支　　配	殿中席
1	姫君様方御用人並	300俵高 御役料100俵	若年寄	桔梗
2	新御番組頭	600俵高	頭	桔梗
3	大御番組頭	600俵高	頭	躑躅
4	表御右筆組頭	300俵高 御役料150俵	若年寄	—
5	御膳奉行	持高 御役料200俵	若年寄	土圭
6	小普請組支配組頭	200俵高 御役料300俵　御役扶持20人扶持	頭	焼火
7	甲府勤番支配組頭	200俵高 御役料300俵　御役扶持20人扶持	頭	—
8	御裏御門切手番之頭	400俵高	留守居	焼火
9	西丸切手御門番之頭	400俵高	留守居	焼火
10	二条御城御門番之頭	持高 御役料現米120石	所司代	—
11	二条御殿番之頭	持高 御役料100俵	所司代	—
12	御台様御広敷番之頭	持高 御役料200俵　御普請懸10人扶持	留守居	焼火
13	御簾中様御広敷番之頭	持高 御役料同前	留守居	焼火
14	中奥御番	300俵高	若年寄	山吹
15	御小性組	300俵高	頭	紅葉

No.	役職	職禄	支配	殿中席
34	御幕奉行	持高　御役扶持10人扶持	留守居	焼火
35	駿府御武具奉行	持高	城代	—
36	御書物奉行	200俵高御役扶持7人扶持	若年寄	焼火
37	御馬預村松万蔵	200俵(高)御役料200俵	若年寄	焼火
38	御賄頭	200俵高御役料200俵	若年寄	土圭
39	新御番	250俵高	頭	中[内]
40	御腰物方	200俵高	頭	焼火
41	御納戸	200俵高	頭	焼火
42	大御番	200俵高	頭	—
43	甲府勤番	200俵高	頭	—
44	奥御右筆	200俵高御四季施代金24両2分	若年寄	—
45	表御右筆	150俵高(礼典録・御四季施代銀20枚)	若年寄	—
46	屋代太郎	150俵高	若年寄	—
47	御馬預	200俵高御役扶持15人扶持	若年寄	焼火
48	御馬方	100俵高5人扶持	若年寄	焼火
49	小十人組頭	300俵高	若年寄	檜
50	大筒役	200俵高御役扶持7人扶持	留守居	焼火
51	御鷹匠組頭	250俵高	頭	焼火

No.	役職	職禄	支配	殿中席
16	御書院番	300俵高	頭	虎
17	駿府勤番	300俵高（礼典録・200俵とす）	城代	—
18	諏訪部鎌五郎	持高 御役料200俵	若年寄	焼火
19	木村鎗蔵	200俵高	若年寄	焼火
20	河合平八郎	200俵高	若年寄	焼火
21	両御番格御庭番	200俵高	広敷用人	—
22	御納戸組頭	400俵高	頭	焼火
23	御鉄炮玉薬奉行	持高 御役扶持20人扶持	留守居	焼火
24	御鉄炮御箪笥奉行	持高 御役扶持10人扶持	留守居	焼火
25	二条御鉄炮奉行	持高 御役料現米60石	所司代	—
26	大坂御鉄炮奉行	持高 御合力現米80石	大坂定番	—
27	御弓矢鎗奉行	持高 御役扶持10人扶持	留守居	焼火
28	大坂御弓奉行	持高 御合力現米80石	大坂定番	—
29	御天守番之頭	400俵高	留守居	焼火
30	冨士見御宝蔵番之頭	400俵高	留守居	焼火
31	大坂御破損奉行	持高 御合力現米80石	大坂定番	—
32	御具足奉行	持高 御役扶持10人扶持	留守居	焼火
33	大坂御具足奉行	持高 御合力現米80石	大坂定番	—

No.	役　　職	職　禄	支　配	殿中席
64	御材木石奉行	持高　御役料100俵	若年寄	焼火
65	小普請方	持高　御役料15人扶持	小普請	焼火
66	小石川御薬園奉行	150俵高	若年寄	焼火
67	御膳所御台所頭	200俵高御役料100俵	若年寄	土圭
68	御台様御膳所御台所頭	200俵高御役料100俵	若年寄	土圭
69	御簾中様御膳所御台所頭	200俵高御役料100俵	若年寄	土圭
70	表御台所頭	200俵高御役料100俵	若年寄	土圭
71	儒者	持高	若年寄	焼火
72	御畳奉行	持高　御役扶持15人扶持	作事	焼火
73	漆奉行	持高　御役料100俵	勘定	焼火
74	林奉行	持高	勘定	焼火
75	御休息御庭之者支配	100俵　高持　扶持御役扶持5人扶持	若年寄	焼火
76	御台様御用達	200俵高	広敷用人	—
77	御簾中様御用達	200俵高	西広敷用人	—
78	姫君様方御用達	200俵高	姫君用人	—
79	小十人組	100俵高10人扶持	頭	檜
80	小十人格御庭番	100俵高持扶持	広敷用人	—

No.	役職	職禄	支配	殿中席
52	御勘定組頭	350俵高御役料100俵	勘定	焼火
53	寺社奉行支配吟味物調役川路弥吉	350俵高20人扶持	寺社	焼火
54	日光奉行支配組頭	300俵高（礼典録／吏徴・持高とす）御役扶持20人扶持	日光奉行	—
55	佐渡奉行支配組頭	200俵高御役料300俵　御役金100両	佐渡奉行	—
	（新潟奉行支配組頭）	持高　御役料200俵御役金80両	新潟奉行	—
56	御代官	150俵高	勘定	焼火
57	御切米手形改	持高　御役料200俵	勘定	焼火
58	御蔵奉行	持高　御役料200俵	勘定	焼火
59	二条御蔵奉行	持高　御役料現米40石	勘定	—
60	大坂御蔵奉行	200俵高御合力現米80石	勘定	—
61	御金奉行	200俵高御役料100俵	勘定	焼火
62	大坂御金奉行	200俵高御合力現米80石	勘定	—
63	御細工頭	200俵高御役料100俵	若年寄	焼火

No.	役　　　職	職　　禄	支　　配	殿中席
△ 95	京都御大工頭中井岡次郎	500石20人扶持	作事	納戸
△ 96	小普請方改役	100俵高御役扶持10人扶持	小普請	納戸
△ 97	御作事下奉行	100俵高御役扶持10人扶持	作事	納戸
98	御賄調役小島翁助	70俵高持扶持　御切米30俵　御役金10両　御四季施代金4両2分	頭	納戸
99	御台様御膳所御台所組頭細田彦三郎	100俵高10人扶持	頭	納戸
100	御徒目付組頭小野伝左衛門	200俵高10人扶持	目付	納戸
△101	御普請方下奉行	100俵高御役扶持10人扶持　御手当金8両	普請	納戸
△102	寄場奉行	200俵高20人扶持	若年寄	納戸
103	寄合医師 法眼打込	持高	若年寄	柳
104	狩野友川	200俵7人扶持	若年寄	柳
105	御番医師 （小普請世話取扱）	持高500俵以下御手当10人扶持	頭	—
106	天文方	100俵高5人扶持（礼典録・200俵高）	若年寄	—
107	神道方	持高	寺社	—
△108	御同朋頭	200俵高	若年寄	—

No.	役職	職禄	支配	殿中席
81	御鷹匠	100俵高持扶持	頭	焼火
82	川船改役	200俵高	勘定	焼火
83	御勘定吟味方改役	150俵高 御役扶持10人扶持	勘定吟味役	焼火
84	寺社奉行支配吟味物調役	150俵高 御役扶持20人扶持	寺社	焼火
	（評定所留役）	150俵高 御役扶持20人扶持	勘定	焼火
85	御勘定	150俵高 御役扶持不同	勘定	焼火
86	日下部鉄之助	150俵高	若年寄	—
87	昌平坂学問所勤番組頭	150俵高 御手当7人扶持	林大学頭	焼火
88	禁裡御賄頭	持高　御役料100俵	禁裡付	—
89	御鳥見組頭	200俵高 御役扶持5人扶持伝馬金18両書状取遣金7両	若年寄	焼火
90	吹上添奉行	100俵高持扶持　御役扶持5人扶持　御役金15両	若年寄	焼火
91	駒場御薬園預植村左平太	100俵3人扶持	若年寄	焼火
92	馬医	200俵（高）	若年寄	焼火
△ 93	千人頭	200俵高	鎗	納戸
△ 94	御大工頭	200俵高 御役扶持20人扶持	作事	納戸

No.	役　　　職	職　　禄	支　　配	殿中席
△109	御数寄屋頭	150俵高	若年寄	—
△110	御同朋	100俵高10人扶持	頭	—
111	狩野祐清	100石15人扶持	若年寄	—
112	小石川御薬園預芥川小野寺	100俵2人扶持	若年寄	—

△印は旗本役職に非ず旗本格の扱い役職。(No.96・97・98・99・100は御家人役職の個人優遇者)

誇り高き大番

幕府の職制は番方（武役）と役方（一般職）とが混じっております。

「番」とは交代しておこなわれる勤務、そしてその仕事のために編成された機能集団をさします。現在の私たちも仕事をする際、「当番」「出番」だとか「早番」「遅番」などといっております。

主要な番が幕府には五つあり、これを五番方と称しました。番に入る＝就職を「御番入」といいました（武役五番方のほか、医師の御番医師も同じく「御番入」と称します）。

五番方と一口にいいますが、徳川家の戦力はもともと大番のみで、これが関ヶ原合戦の主力でした。その後四番方が順次創設されました。以下の項で番頭の序列順に説明してゆきます（なお、幕府では敬意をもって「大御番」「御書院番」「新御番」と呼び習わしており、大概順にはそのように載せましたが、ここでは御の字を省いて記します）。

【大番】

三河岡崎城在城中に創立され、三組より天正十八年（一五九〇）に六組、寛永九年（一六三二）に十二組（六百人）となります。

大番のみ三年に一回、二条（京）か大坂勤番を一年勤めるため、江戸を出発します。これを上方在番と称し、大番頭が番士をひきいて東海道をゆく道中を「大番組往来」といいました。大坂在番は八月交代、京在番は四月交代でした（なお番方についての詳細は根岸茂夫『近世武家社会の形成と構造』吉川弘文館を参照ください）。

勤番中は単身赴任ですが、家禄同額を加算されますので、江戸勤務の四番方より健全な家計を維持できたといわれます。江戸の勤務は西丸・二丸の警備にあたりました。

旗本の勤仕時の心構えを狂歌風につくったものに『番衆狂歌』というものがあり（『史籍集覧』収載）、なかなか面白いものですが、そこに、

大御番昔諸国の召出し
　ことともなしに気体たくまし

との一首があり、三河以降今川・武田・北条の遺臣たちを吸収して、強い軍団として

成長したことを伝えています。なお、今後折にふれて『番衆狂歌』をご紹介していきます。

番頭は五千石高で半数は大名役、組頭は六百俵高四人、番士の職禄二百俵ですから、通常の御番入は、最低二百俵以上の人びとです。

しかし、父が広敷番之頭、天守番之頭などの部屋住惣領は、番筋が小十人筋（番筋については「各家の番筋」の項参照）でも、特例として大番に入ります。大番から上位の役職に昇進しますが、わずかながら職禄二百五十俵の新番に転ずる人もありました。

古く由緒のある大番ですから、三河以来千石台の家にも、両番筋でなく大番筋の家も何家かありますが、さすがに二千石を越す家はありません。

大番と同列の扱いに、御番入として腰物方《こしのものかた》・納戸《なんど》番に入る人もあり、甲府勤番も同じ扱いです。

甲府勤番は甲府在住であり、江戸にいたときには小十人筋・両番筋の人も混在しています。俗に「甲府流し」といって江戸にはなかなか帰ってこられませんが、わずかな例として江戸に呼び戻されることがあると、江戸では両番・大番・小十人に編入されております。

また、大坂二条在番の他、御蔵奉行に何人か、切米手形改一人が、大番在勤として出役があります。

両番

書院番と小性組とは併称して「両番」といいます。享保以前までは、両番といっても小性組入が優格とされました。小性組とともに御番入をしたら、両番の間での配属替は幕末まで若干ですがおこなわれています。

【書院番】

創立は慶長十一年（一六〇六）といわれ、関ケ原合戦後になります。

全部で十組五百人で、殿中虎間《とらのま》に勤番し、番頭は玄関前櫓に泊番をします。平時は江戸城の玄関や諸門の警備にあたりました。また諸儀式の世話役をつとめ、将軍外出の際の供奉、市中警護の任にあたりました。

御書院は先祖奉行の子孫にて
何れ気体も律にあり

番頭四千石高、組頭布衣千石高一人、番士の職禄三百俵五十人で、原則として家禄三百俵以上二千九百石までの旗本が御番入しますが、三百俵以上でも大番筋の家もあれば五百石でも小十人筋の家もあり、前出のように三百俵以下でも両番筋とされる家もありました。

父が布衣以上・新・大番組頭の惣領は両番に入り、小十人・大番に勤仕のときでも両番に番替になります。幕末になると御家人から昇進の人が、布衣の重い役に昇進が多くなり、実例が多くなります。この両番には、進物番・屋敷改《やしきあらため》などの兼務出役があり、同じ扱いの役職に中奥番《なかおくばん》・駿府勤番がありました。

その他、五番方に御番入せず、直接小性・小納戸・中奥小性に直ちに任命される人が、わずかですがありました。

【小性組】

創立は慶長年間といわれ、十組五百人で西湖間《さいこのま》に勤番し、庭前に花畑があったので御花畑士と称します。明暦大火後に紅葉間《もみじのま》に勤番となり小性組番士に改称しました。他はすべて書院番と同格で同じ扱いでした。また、遠国への使者の任につくこともあり、江戸市中の巡回、屋敷改、進物番などの役目もありました。

御小性組は元来御近所の
流を汲みて至《いた》り気のあり

書院番の「奉行の子孫」に「御近所の流れ」と出自を変えています。御近所とは主君の御側近くに勤めた家筋と解釈します。

番頭四千石高、与頭《くみがしら》布衣千石高一人、番衆五十人十組で五百人でした。幕初は若年寄が番頭を兼務していたことで有名ですが、のち大番頭（半数は大名勤務）の次の旗本役となり、書院番頭・小性組番頭を併せて「三番頭」と呼び、徳川軍の中枢でした。当時は三番頭・新番頭は「バンガシラ」と訓じ、天守番之頭・広敷番之頭などはすべて「バンノカシラ」と訓じて言いわけていました。

ここでついでに似通った役職について記しておきましょう。写本などで誤記があり、その人の役職がまちがったまま引用されている例もままありますので。

【御小性】将軍近侍の役職。職禄五百石高、五位の役。

【御小性組】前出の小性組の番士。職禄三百俵高。

【御小納戸】将軍近侍の役職。職禄五百石高、布衣役。

【御納戸頭】一般物品の取り扱いを監督。職禄七百俵高。

【御納戸または納戸番】御納戸頭の下で一般物品の取り扱い。職禄二百俵高。

【御留守居】江戸城の全体管理。大奥の事務管掌。職禄五千石高、五位の役。

【留守居番】本丸の管理。職禄千石高、布衣役。

【小普請組】無役の人の所属する組織。知行高に応じて小普請金を納める。

【小普請方】小普請奉行の下で江戸城その他の修復。職禄百俵高。

【寄合肝煎】寄合の中から世話役として指名される。ただし出役として。若年寄支配。

【交代寄合】老中支配で大名扱いの家（六四ページ参照）。知行地に居住し江戸に参勤する特格の家。

新番と小十人

【新番】

創設は寛永二十年（一六四三）で近習番として土圭間に勤番し、一時は土圭間組と称しました。

明暦以降、殿中新番所に勤番し、職禄は二百五十俵、八組百六十人（一組二十人）で編成されました。

番頭二千石高布衣、組頭六百俵高二人でした。平時は殿中の新番所に勤番し、将軍が外出の折りには前駆をつとめました。また将軍の鷹狩りにも供奉しました。

『落穂集追加』に「新番は大奥女中の近親者を召出して新番組がつくられた」との誤った記事があり、永い間各書の新番組の説明に使われましたが、横山則孝氏が、新番組の創立構成は、大番・小十人組より番替されている事実を立証、訂正されました。

筆者の調べでも新番組への新規御番入はきわめて少なく、御番入は他の四番方にかぎっています。

番衆の補充は『寛政譜』の記事をみると、小十人と大番の二百五十俵以上の家禄の人が配属され、わずかに二百五十俵以下の精勤者が褒賞として足高《たしだか》補給されていることを確認しております。

『寛政譜』以降、旗本の部屋住二、三男で御三卿家臣になっている人が、御三卿当主の御三家養子入に際して、それに付属するとき幕籍に入り、さらに幕臣に戻るときに新番に入っている事例がありました。いわば「出向」した幕臣が幕職に戻る処遇として、大番でもなく両番では優遇にすぎるという場合に、新番二百五十俵が最適の場所であったと推定しております。

新御番御代治りて出来（し）御番
　何共なしに物静かなり

御小性組に似た職務で、物静かな行動が必要ですが、将軍御成《おなり》時の供奉には多忙な番衆でした。

【小十人】

五番方では唯一歩行の士で、将軍の外出の行列では前に供奉します。元和九年（一六二三）の創立で檜間に勤番し、総組十組余から二十組の時もありました。頭は小十人頭布衣千石高、小十人組頭は二人三百俵高ですが、前述のように大番士より下位に列しました。組士は一組二十〜二十五人ともされ百俵十人扶持（百五十俵）ですが、寛政十年末は十組で一組定員二十人でした。

小十人大御番士之末子より
　召出されて気体こまやか

小十人御成（将軍の外出）御鷹野御駕籠先
　御目《おめ》通《どお》りの大切の供《とも》

五百石の家も三百俵の家もあり、新しく幕臣に召出された家や、御家人からの昇進の家が主体です。

世間では旗本はなかなか御番入できず、小普請の無役で市中の鼻つまみが多かったといわれていますが、それは旗本に昇進したものの、家禄は以前のままの百俵以下の「小十人筋」の人びとのようです。

「小十人筋」は家禄百九十九俵以下の旗本で、小十人約二百人くらいの定員に、千二百二十五家（百俵以下が三百四十四家）の該当者がある、御番入の機会の少ないところです。そのうえ百俵以下の三百四十四家は御番入させると、多額の足高（百五十俵に対する家禄との補給差）が必要となることも、御番入が困難な理由でした（第七章「三十俵三人扶持の生活」の項参照）。

小十人筋でも算勘に達者な人は、勘定・代官・小普請方・広敷（大奥）に直接就職しました。その人たちは小十人定員だけではない職場の可能性があったわけで、やはり技能者は有利ともいえました。

各家の番筋

御《お》小《こ》性組《しょうぐみ》御《ご》所《しょ》院《いん》新《しん》御《ご》番《ばん》
大《おお》番《ばん》小《こ》十人《じゅうにん》これ五《ご》番《ばん》方《かた》

この歌は五番方を、平番士の序列順に読みこんだものです。序列を示しますと、こうなります。

【番頭】
大番頭
書院番頭
小性組番頭
新番頭

小十人頭

【組頭】

書院番組頭

小性組与頭《ともがしら》（組頭ではない。なお、鳶魚翁からは、これは「ともがしら」と訓《よ》むと教わったことを付記します）

新番組頭

大番組頭

小十人組頭

【番士】

小性組士

書院番士

新番士

大番士

小十人

両番を比較すれば、番士では小性組が、組頭と番頭は書院番が優位にあり、小性組のみ与頭といいます。また小十人組頭の序列は、両番士・新番士・大番士の下位になっています（職禄等は『大概順』を参照下さい）。

『大概順』にしたがって序列をつけるとこうなります。

大番頭→書院番頭→小性組番頭→新番頭→書院番組頭→小性組与頭→小十人頭→新番組頭→大番組頭→小性組士→書院番士→新番士→大番士→小十人組頭→小十人

ところで、旗本の各家は、就職の御番入の際、どの番方に入るか決まっており、それを「番筋《ばんすじ》」といいます。

『諸事留』には、新規召出の儒家の子孫が、一般の御番入をするときや、綱吉・家宣に従って幕臣となった子孫の番筋を決める記事があります。右筆所と小普請支配には各家の番筋・家禄・住居などを記録した台帳があったと推定します。

番筋は家禄の制約もありますが、家の由緒も加わり決められますが、七百石の本家が大番筋、三百俵の分家が両番筋という、理解に苦しむ現象があります。時にはその家その人の運不運もあったといえます。

両番筋は昇進時には良い役職に進めますが、いちがいに大番筋は劣るともいいきれません。現に千石を超す三河以来の旧家も何家かあり、三河以来大番勤仕の武功の家が、新設の両番を好まなかったともいわれています。

三百俵以下の両番筋は、吉宗継嗣時に紀州家臣から幕臣になった家によくみられます。

新番筋は前述のように大番・小十人よりの番替のみで、新規番入はないので除きます。

小十人筋は、新しい家で五百石前後の家もありますが、百俵前後の少禄の家が大多数でしたから、昇進時のルートも両・大番筋より劣格です。

さて、拙著『江戸幕府旗本人名事典』の原本『寛政呈書』には、『寛政譜』と同じく番筋は書いてありませんが、木村姓の十二家にのみ番筋が付記されています。

【両番筋】

五百石・四百石・二百五十石の三家

【大番筋】

七百五十石・三百俵・二百俵の三家

【小十人筋】

二百六十七俵・二百五十俵・二百俵・百五十石・百俵十人扶持・四十俵の六家

に分けられており、家禄の多少には関係のないことがわかります。なぜ十二家の木村姓に限ったかを推定しますと、二百五十石で両番筋の家に疑問を持ったからでしょう。

この家は元来大番筋でしたが、木村高敦《たかあつ》という『武徳編年集成』を編纂献上した歴史家が出て、高敦が布衣になりその子孫が両番に続きました。けっきょく大番筋には戻らず二百五十石の両番筋という特例の家になりました。布衣の子孫も大番筋に戻る事例もあり、

『寛政呈書』の編者も疑問を持ち、右筆の人の台帳に確認したのだと筆者はみております。

さて、大番・両番に列したあとは昇進が保証されたように見られがちです。しかし、そうではありません。なるほど、

森山源五郎孝盛《たかもり》……大番↓小普請組頭↓目付
長谷川平蔵宣義《のぶのり》……書院番↓徒頭
遠山金四郎景晋《かげみち》……小性組↓徒頭（金四郎景元の父）

のように順当に出世していった人もいますが、確実に出世が約束されていたわけではないのです。

御番から出るときは、布衣の徒頭か小十人頭・御使番などがふつうですが、役職数が限られていますので、大番・両番千六百人の人員に比すれば、ごくわずかなものです。まずここ止まりの人が圧倒的でしょう。小十人にも御番入できず、一生小普請で終わる人も大方なのですから。

父親のコネで中奥の小納戸小性に栄転した例を加えてみても、大多数は老年までそのままの勤めで、運が良くて老年近くで組頭に空きが出て昇格する程度です。まして勘定・作事（土木）・対人の特技のない小十人では、新番に番替になるか、地方も含めて数少ない昇

進があるだけなのです。こうした事情は『寛政譜』の、個々の履歴をみてもよくわかります。

　余収、副収入もなく、泊番もあり、持参弁当や組中の交際が華美になりがちな番士と、算勘渉外の才能により、勘定・広敷・賄方《まかないかた》など余収の多い役職に就く人とでは大きな差があります。前者は由緒ある家の人であり、後者は御家人から昇進してきた人とその子たちです。後者は時によると勘定奉行（大概順(1)―15）にまで昇進し、前者（番士）の人たちよりもはるか上位に立ち、家の豊かさも格段に違ってしまいます。なのに不思議なことに幕末に至るまで、前者と後者の政争は起きておりません。

　このことは、旗本の心理を物語っているように思われます。すなわち、由緒ある大番・両番に列することは「御奉公」であり、将軍の御殿である各部屋に勤番できることに、この上ない誇りを持っていたとしか考えられないのです。

御番入は物入り

ここで『諸向地面取調書』(安政二年[一八五五]現在)と『武鑑』を基礎に、あくまで概算ですが旗本当主の配置を推定してみます。

総員　五千五百家　(寛政十年[一七九八]五千百五十八家よりの推定)
小普請　二千八十家　(一組二百六十家、八組)
寄合　百八十家　(実在に交代寄合を加える)
五番士　二千家(大番六百、両番千、新・小十人三百八十、小計千九百八十)。これに駿府(三十家)甲府勤番(二百家)を加算、部屋住を一〇パーセント差し引く
一般役職　千二百四十家(引下ゲ勤を含む。第七章「役料から足高制へ」の項参照)

『武鑑』には平の五番士・小普請の氏名はなく、須原屋版には「御勘定」もありません。

記載のあるのは、それ以外の一般役職者と、御家人の御徒目付・玄関番・坊主衆などで一冊を占めています。

調べてみると、思ったより多数の人が御番入しています。

両番・大番筋は旧家の家筋が主体ですが、『寛政譜』でみるかぎり、ほとんどの人が御番入しています。よほどの病弱者か問題のある人でない限り、成人は中年までには番士になっているようです。

その他の番筋を調べるのは、なかなかむずかしいものです。ここでいくつかの注意点をあげておきます。

①吉宗が紀伊より近侍として連れてきた家は御番入せず、ただちに小納戸となり、寛政十年末まで代々小納戸に出ることがある。その家の番筋は「両番筋」ながら両番士にならず、すぐ小納戸に入ることがつづいたため。『寛政譜』には番筋の記載がなく、職歴の変化だけをみると、よほど知識がないと、「両番筋」であることが理解できない。

②これは①と同じ型といえるが、父・祖父が番方より代官を勤め評判がよかったので、何代も続いて番入せず「代官・勘定」に直接入ることがある。そのためその家が「小十人筋」であることを見失う。

③訴人の家。由比事件（慶安事件）の林家（五百石）・奥村家（三百石）・田代家（三百石）、戸次《べつぎ》（別木）事件（承応事件）の長島家（五百石）は、享保～天明代に小十人に番入し「小十人筋」だが、それ以前は地方《じかた》三百石以上にもかかわらず、御側衆支配で『寛政譜』の書例からは旗本としない珍奇な扱いだった。御番入で旗本身分の確定がなかったら、第一章の「吉良上野介の『仲間たち』」の項に入れるくらいの家。

④綱吉・家宣代召出しの猿楽・囲碁・将棋の家は、子孫が技能から離れてからは、多くは「小十人筋」となる。ただ絵師の狩野二家だけは絵画の世襲家であり、医師と同じ旗本の身分で、旗本家との縁組もしている。他の狩野家は幕府扶持の市中の絵師。

⑤昇進したばかりの人や、一、二代前に昇進した家は、旗本になっても百俵以下の家禄で、経歴となる職の少ない家も多く、家譜だけでは「小十人筋」の判断が困難。

さて、就職する側からは「御番入」といいますが、幕府側からは「御入人《おいれびと》」という語を公式に使いました。さらに昇進したばあいには「御用人《おもちいびと》」と用語がかわります。

幕府文書には「御入人」「御用人」と使用されますが、困ったことに役職に「御側御用《おそばごよう》人《にん》」「広敷御用人《ひろしきごようにん》」が現存しましたので、役職のときの「御用人」と混同しないよう注意し、呼びかたは「おもちいびと」としました。

「御入人」は定員に欠員が出ると、半年か一年の間で補充することはなく、ある程度減員してから補充します。御番医師の場合には三分の一くらいの減員が出ると、何年目かにまとめて「御入人」をしており、五番方においても常時定員不足の状態でした。

ところで、小十人・大番・医師でも御番入したときには、同組内の先任者を饗応（振《ふる》舞《まい》）する習慣があり、しだいに華美になります。

番頭・組頭・先任者がそのようなことを好まなければ問題はおきませんが、そうでないと大きい失費になります。大番入した二百俵の人は、年収すべてで七十石＝七十両ですから、そこから三十両余の支出をするのは重荷です。

幕府時代は他の役方への転職にも振舞の慣習があり、栄進ならまだよいのですが、「御番入」では限られた収入のなかでの支出に困っています。

天保四年（一八三三）八月五日、賄頭鳥居八右衛門が勘定吟味役（布衣）に昇進し、惣領八五郎が西丸奥右筆から書院番に番替（昇進）になった。本人から願いもしないのに決められ（両番は上格であるが、下位でも奥右筆・勘定組頭は、本人願により番替が慣例か）、内実は父の賄頭の次席毛受《めんじゅ》貫の策謀であった。この番替で書院番への振舞に数十両かかり、奥右筆での各家からの付届は皆無になり、職禄三百俵だけの収入と新参者のため、以前の楽なよい勤めから、泊番《とまりばん》もある誠に苦しい勤務になってしまった（『天保雑記』）。

当時の状況が知れるものがあります（なお泊番については第六章、付届については第七章を参照ください）。

両番、大番の御番入の安定性も、しだいに悪化してきます。

寛政二年（一七九〇）の文書には、

御番入に十四、五年かかるようになって、一度御番入に洩れると次回には多分の年数がかかるようになった。芸術（武術）格別の人や、父の格別の勤労のある倅は、四、五年くらいで御番入できるようにする。

とあり実状が知れます。御家人から昇進する旗本もふえ、さらに父親が布衣以上の役人になると、部屋住勤仕の倅が自動的に両番に入る人たちもふえます。また役方の役職も増加し、「父の蔭《かげ》を以て」と優先御番入する人もふえます。一般の御番入の枠はだんだん減ってゆく状況では、一生小普請の人も多くなったと思われます。

寄合で待命中

享保四年（一七一九）六月から留守居支配より若年寄支配の寄合になり、三千石以上全員が寄合になったのは元文五年（一七四〇）といわれます。

家禄三千石以上は俗に「高の人」と尊称され、小さな大名に似た組織を持っており、特別扱いは当然です。

これに布衣以上の退役者の「役寄合」の他に、三千石以下で留守居と大番・書院番・小性組の三番頭の次代は寄合に入ります。また旧大名だった金森家（千五百俵）と本多家（五百俵）が例外として入っています。

寛政二年には「寄合肝煎《きもいり》」が寄合より選出され、役職ではなく協力者として出役するようになります。肝煎の手許には、寄合より役職や出役に対する推薦者名簿「手明帳《てあきちょう》」があって、出役である、

江戸城門番
火事場見廻
駿府加番
中川御番

からはじまって、

小普請組支配
三番頭
留守居
御側衆
駿府城代

などの、高禄で重い役職への就職に備えていました。

この寄合については、全員が『四冊武鑑』に記載されており、「高の人」については『昇栄武鑑』という大名武鑑抄記のような出版物があり、丹念に調べれば、内情を知ることができます。

小普請金（次項参照）にあたる寄合御役金は、百石に金二両（三千石で六十両）の率で、八月、二月の二回に分納し、無役の交代寄合も同様でした。

この寄合三千石以上（寛政十年で二百五十四家）からは、高家・交代寄合（老中支配）は除外します。また医師の「寄合医師」は、無役世襲・法印法眼の退職者や勤役医師の混合体ですから、『大概順』(2)―１０３「寄合医師」に入るもので別です（『諸向地面取調書』の寄合には、医師の名前はなく、別項に「寄合医師」とあります）。

大名にも、老中をたびたび出す家があり、「御役家《おやくけ》」といわれますが、寄合にも代々三番頭などに出る「御役家」らしいものがある反面、代々ほとんど役職に就かない家々もありました。

幕末の文久三年に人材登庸として、今まで布衣役でない役職の両番への御番入がおこなわれるようになり、幕末の役職の役替がはげしくなると、幕府の都合で「勤仕並寄合」という措置がとられています。

勤仕並寄合と勤仕並小普請は、『柳営補任』でみると文久頃からの発生のようです。老齢退職・叱責退職ではなく、現役で待命中ということでしょう。勤仕並から現職復帰の事例も出ております。

家禄のある浪人？

小普請は「家禄のある浪人」といわれます。幼年小普請、老年、しくじり、病気小普請などの俗称もあります。

父が若く死去し、若年《じゃくねん》（十一歳より十七歳）、幼年《ようねん》（十歳以下）で家督を継ぎますと、無役ですからただちに寄合・小普請に配属されます。配属が小普請のばあいを「幼年小普請」と称します。『番衆狂歌』に、

小普請は不相応もの病気もの
　幼年ともに御役金（小普請金上納）出る

とあります。また「しくじり」として、

小普請は公儀おきてを知らずして
　自まま気ままの不行跡あり

とあり、一部の小普請の姿を紹介しています。

『寛政譜』のような公選書の記事のなかにも、旗本の不行跡は出てきます。理由は酒・博奕・賄賂・喧嘩・刃傷《にんじょう》・女性等々、現在とあまり変わりません。五千余家の多数の中から、異分子の出現はやむをえません。むしろ不行跡の率は低いかもしれません。

旗本や代官に悪いイメージを植えつけたのは明治新政府の作為であり、時代劇などで旗本の名誉は傷付けられていると筆者はみます。

小普請は規定の税金として「小普請金」（幕府の補修費の分担の意味）を納入する義務がありました。

元禄三年定　旗本・御家人とも

二十俵以下　免除
二十〜五十俵　金二分
五十〜九十九俵　金一両
百〜四百九十九俵　百俵に付　金一両二分ずつ
五百石（俵）〜千俵　百俵に付　金二両ずつ

役職者・出役者・七十歳の老齢退職者は免除。

一俵が三斗五升入、一石が一両と換算したばあい、五百俵の人は収入が百七十五石＝百七十五両、小普請金十両納入とすると、五・七パーセントの税率になります。

幕臣には役職でも無役でも、必ず支配者が決まっています。その理由の一つとして禄の支給に際し、支配者の印判が必要になることがあげられます。

幕府への文書提出には「寄合」の支配者は若年寄、小普請は小普請組誰々支配、役職者は『大概順』にある支配の頭《かしら》と、所属を明示されています。

寄合と小普請の配属が、三千石以上以下と明確になるのには、享保四年六月より宝暦三年（一七五三）六月までかかります。それ以前は数千石の高禄家が小普請にあったり、千石前後の人が寄合に入っていたり、まちまちでした。『御家人分限帳』や『武鑑』をみてもわかります。

旗本・御家人の無役の配属は、

寄合……三千石以上・布衣以上の退職者（役寄合と称す）とわずかな優遇者。寄合某と称す。

小普請の旗本……小普請組誰々支配　某と称す。

小普請の御家人……小普請組誰々組　某と称す。

の三種に分かれます。

小普請組を担当する役職は以下のとおりです。

支配（頭）……一人　三千石高　布衣役。

支配組頭………一人　二百俵高　役料三百俵　役扶持二十人扶持。

世話取扱………四人　小普請より出役　役扶持十人扶持　小普請旗本より選出、旗本小普請担当。

世話役…………三～四人　小普請より出役　五十俵高　役扶持三人扶持　小普請御家人より選出、御家人担当。

支配組頭は寛政三年まで一組二人で、勤務に余裕があるとされましたが、以降は一人となり「御用多し」とされました。なにしろ世話取扱や世話役のサポートはあるものの、二百五十人もの配下の旗本、百五十人の御家人の面倒をみなければなりません。

主に御番入など就職のため月二回の面接・推薦・下調べ・家督・隠居・病気・死亡・結婚などの手続きを受け持ち、支配に報告処理する中間管理職で、手もかかるが権威のあった働き場所でした。

当主が小普請（無役）か、部屋住の人の父が小普請であれば、就職の御番入に対して、頭や組頭が本人と逢対《おうたい》したり（第六章「外泊は不可」の項も参照）、世話取扱に当人の素行・文武修業について調査させております。父が役職にある場合は、惣領が年齢に達した時に「（初）御目見・御番入願」を、父からその支配者に出し、若年寄に提出してもらう手続きを取りました（『公用雑纂』〔五〕）。

父が役職に多年仕えると、惣領は「父の蔭を以て」として優先御番入ができることになり、小普請からの御番入は少なくなりました。

父が当主で、部屋住惣領が役職にあれば、父の死後は当主にして役職者となりますので、寄合小普請には入りません。享保以前も含め部屋住惣領が、幕府の都合で（西丸勤がなくなる）無役待命になると、父子ともに小普請に入ることも稀にありました。

それでは本章の最後に、『番衆狂歌』を三首引いておきましょう。幕臣たちの思いがいきいきと伝わってきます。

男子をば八歳以後は常袴
　行儀作法を教え育てよ

手習と読書の道を急ぐべし
　無事無無学はならぬ役人

十五歳前の武術は無益なり
　腕が弱くて術もかなはす

第三章　旗本のライフサイクル

旗本の「戸籍」

これまでの章で、旗本の役目や仕事について述べました。本章ではそれ以外の、誕生から死亡までの旗本の「公的一生」について述べることにします。

さて、旗本一人の生い立ちを説明するには、各家の詳しい家譜が必要となります。いわば旗本の「戸籍」です。

大名、旗本・御家人は子女の誕生を、今のように直ちに幕府には届けません。丈夫に育ったときと、養子・嫁入が見込まれる時点で、支配の頭に「丈夫届」「惣領願」「縁組願」を出して届けます。実年齢と届け出時の年齢とは一致していません(自家の詳細な家譜には実年齢を記しました)。

『寛政譜』の家譜は、各家から提出された家譜=由緒書を、同一規格に整えたもの。大名家の詳細ぶりに比べ旗本家は簡素に記載されて格差があります。

当時は大名でも旗本でも、三、四種類くらいの家譜を持っていました。少禄になると二種か一種でしょうが、幕府に対して家督時と家譜集成時用に備えて、代々書継ぎをつづけ大切に保存しています。先祖の位牌・過去帳と同じように。

その三種とは、

①詳細な家譜……一種の家の歴史ともいえる祖先の武功・家族の詳細・当人の役職・屋敷地の変化までも含む。『寛政譜』より詳細に記事が書かれる。

②幕府提出用家譜の自家控……弘化〜元治頃まで補記のものが多い。幕府ではこの家譜より、規格的に編集する。

③簡単な家譜……当主の家督時の提出書類で、「由緒書」とし、親類書以下規定書類と一緒に提出する。

※なお家督時・役職変遷時に「明細短冊」と呼ばれる、本人の身上書も提出義務があります（『江戸幕臣人名事典』として刊行されている）。

概していえば、「家譜」の保存は、大名・三千石以上の寄合は①〜③、その他家禄の高低によって、①③とか②だけであったと、残存各家家譜によって私は推定しています。

さて、残念なことに旗本の初御目見までの詳しい記述が手許にありません。ただ、通過儀礼から文武の修業までについては、幸いに武蔵岩槻の大岡家家譜の中に一人だけ詳細に記載されております。

大岡家は忠光の代に、九代将軍家重の唯一の側近として三百俵から二万石の城主大名になった家です。忠光は、生まれつき言語が不明瞭だった将軍家重の発言をただひとり理解できたために出世したといわれます。万石以下の旗本でも、おおよそ同じ育ち方をしますので、以下それに依拠しながら旗本の育ち方をご紹介いたしましょう（『岩槻市史』）。

ここでは大岡忠恕の実際の誕生日を示しましたが、先述のとおり当時の武家社会では誕生しても現在のようにすぐには届けません。

何年か経て成育してから、実は何年生の当年何歳の男子がおり、最近丈夫に成長しましたと「丈夫届」を幕府に提出し、つづいて「嫡子願」を出し相続人として確定するのです。

誕生時に届けませんから、実際年齢より五歳前後年長に届け、これを公年《こうねん》といいます。大名旗本の『寛政譜』ではすべて届出に基づく公年ですから、その家の「家譜」と対比しますと没年齢が一致しません。

もっとも、家により「家譜」には数日後幼逝の男女子も記録し、父が公式に服喪している精密なものもありますし『寛政譜』に一～三歳の幼児が家督している記事もありますから、実年を公年とすることも当然ありました。また家により成長した男女のみを記載したり、女子は幕臣と縁組した人以外は記載しない例も多数あり、実際と一致しないものもあります。

さて、忠恕は三男として生まれ、実年齢五歳で嫡子と認められます。文政二年生まれの長男忠亮は九歳で幼逝し、正式には嫡子願を出していませんでした。二男忠弘は文政四年生まれの年一つ上の兄ですが、妾腹なので忠恕が嫡子となったあと八歳で「丈夫届」を出し、十六歳で没しています。

なぜ公年などという面倒かつ複雑なものが存在したかというと、父が早死にしたために相続をした幼少の当主が、病気などで十七歳未満（数え年ですから、十六年目の十二月晦《みそか》まで）で死去すると、大法によって養子が許されず、その家が絶家となるからです。どの家もその危険のうち何年かを、公年というサバを読んだ年齢で防御するわけです。幕府も社会不安を少なくするためこれを黙認、公然の秘密になったのです。

大名も旗本も幕府後期には、安定した生活による虚弱の人が多くなりますので、誕生しても大事をとって数年ようすをみてから「丈夫届」「嫡子願」（旗本のばあいは「惣領願」という）を申請します。

天保5（1834）	3・7	13	弓術稽古初（御相手　武藤力蔵）
6（1835）	3・15	14	諱忠恕に改名
7（1836）	2・26	15	家臣に初御目見仰付る
	8・29		槍術伝授
	12・5		礼剣切紙伝授
8（1837）	11・15	16	甲冑着用初内祝
9（1838）	9・23	17	御乗出席々へ達
	10・2		中旬御伺の上半髪留袖となる
	10・22		半髪留袖許可
	10・24		各家に半髪留袖の通知出す
	11・25		伺の通り菊間席（父若年寄に付）
	12・1		家慶将軍に初御目見
	12・7		前髪執御伺、五節句月次御礼登城願
	12・12		前髪執

大岡兵庫頭忠恕（ただゆき）
（父忠固三男、母正室、長男忠亮嫡子・二男側室生忠弘部屋住厄介）

年月日		年齢	できごと
文政5（1822）	8・11		忠固三男として誕生（厄介となる）
	8・21		御七夜、銈次郎と命名
	9・11		宮参
7（1824）	3・4	3	麻疹
	12・4		髮置内祝
9（1826）	1・4	5	疱瘡、15日酒湯日取きめ
	5・5		疱瘡内祝、邦之丞に改称
	5・5		嫡子願差出（兄忠亮逝、二男忠弘は妾腹にて嫡子とならず厄介のままとなす）、
	7・5		願済内祝、若殿様と称す
	12・9		袴着、父より忠行と賜諱
13（1830）	11・25	9	下帯初（褌始とも）
天保2（1831）	3・4	10	手跡入（師は関忠蔵）、槍術剣術稽古初（師は鈴木復一）
4（1833）	4・20	12	素読開始（御相手　沼野与市）、御馬稽古初（御相手　磐井勇四郎）

ときには御目見済の惣領（長男）が病身で御奉公はできないと申し出て、「惣領除《のき》」を出して弟の「惣領願」を出す旗本家の例もあります（『公用雑纂』）。

不幸な例では、賤ケ岳七本槍の一人にして豊臣家滅亡劇で重要な役もはたす片桐且元《かたぎりかつもと》の子孫のケースがあります。且元流の片桐家は、当主があいついで夭逝したため、四万石↓一万石↓三千石と家禄が減少し、ついに絶家になりました（茶道で有名なのは且元の弟の流れです）。

通過儀礼さまざま

武家の通過儀礼には主に、次のようなものがあります。

・御七夜《おしちや》（誕生後七日目の祝）
・名前《なまえ》（父より菊松などの幼名をもらう。鉒次郎のような通称もある）
・御宮参《おみやまいり》（男は三十一日目に産土神《うぶすな》に参詣）
・髪置《かみおき》（武家は三歳の十一月十五日に頭髪をのばす儀式をおこなう）
・諱名《いみな》（本名、実名ともいい、一字か二字で通称の下にもちいる。実社会では市郎兵衛とか大和守などの通称がもちいられる。賜諱といい将軍家や本家より諱の下の字をたまわり使用する家もある）
・改名《かいめい》（諱をあらためること。ちなみに通称をあらためるのが改称。将軍や上司と同名・同音

になるとき改名することが多い）

・袴着《はかまぎ》（幼年より少年への成長を祝い、五歳にておこなう）

・下帯初《したおびはじめ》（褌《ふんどし》始《はじめ》ともいう。成人後に着ける。具足を着けるときは先端に穴を開け首にかける）

・半髪留袖《はんがみとめそで》（後述）

・前髪執《まえがみとり》（後述）

また、成長の過程で、

・麻疹《はしか》（幼年の伝染病。容貌と生命に影響する）

・疱瘡《ほうそう》（天然痘。顔にアバタが残る生死にかかわる病気。頭巾や周囲を赤い色でかこみ疫よけをした）

などが重視されました。いずれも大事なものであり、家禄によって軽重はありますが、必ず型はふみます。

大岡家の記録には前髪執伺の前に「半髪留袖」とあります。これは半元服といい、前髪執の寸前です。

半髪は前髪を剃る前のことですが、これでは意味不明です。しかし尾張家分家松平高須家の家譜には、「額直《ひたいなおし》留袖」との記述があり、半髪＝額直であることがわかります。これは前髪の額の角《すみ》の髪を取り、前髪を取る前段階にします。留袖は幼児の長袖を大人の短い袖にすることとです。すなわち半髪留袖とは、大人となり長袖を留袖にかえるため、実際に小児髪の前髪を取り除く前のことです。正式には前髪執の御伺をしてはじめて残った前髪を剃り、月代《さかやき》のある大人として認定されます。

前髪執は原則として将軍家に初御目見をする時より前におこなわれますが、初御目見後に前髪執の伺が出される史料もまま目にします。半髪・額直留袖にしているので、前髪執御伺が前後してもさしつかえなかったのでしょう。

甲冑着用初は、新品調製では二百両以上しますので、大名・高禄旗本だけが新調できるくらいです。その他は先祖より何領かの甲冑があり、その小児用で着用初をするのでしょう。御家人から旗本に昇進した家は本人用を古道具屋より百両前後で求め、さらにもう一領、追加買いをしていました。

文武の稽古初についてはどうでしょうか。

武家ですから幼時より文武の稽古をします。それはわかっていても、どんな稽古をしたかはなかなか由緒書にも身上書にも書かれていません。だからといって何もせずに大人になるはずもなく、由緒ある家を継ぐ以上、少年期に相応の教育をうけることは当然です。

幸い、大岡家家譜の忠恕には、先生の名も入れて書かれており、旗本も江戸市中の旗本・陪臣・道場持に通って修業していたであろうことがわかります。幕府の武芸上覧に無役の旗本惣領たちが、将軍家の御前で、芸術（武術のこと）の技を披露し御褒美をいただくのは、師範の先生の推挙によるものです。

初御目見

大名も旗本も、将軍家への初御目見の儀礼は、人生において最も大切な行事です。大名では「御乗出し」と称しており、将軍の認知をうける「主従の誓い」です。大名はどの部屋で執り行うという決まりがありますが、旗本は史料も少なく、おおよそは畳廊下の横で将軍の通行の際に、奏者番が数人の名を披露する形式ですから、記録からもなかなか探しにくいものです。

初御目見を済ませていないと、病身のまま十七歳をこして死去したばあいなど、次の人への相続に問題が出ますし、また若隠居を願い出ても原則許可になりません。逆に初御目見未済を利用して、大名・旗本家では、幼少で家督した当主が不慮の死をとげた際に、同年齢くらいの親類の中からの「すりかえ」もおこなわれていました。幕府も絶家による社会不安を除くため黙認しております（大森映子「備中鴨方藩の相続問題」『日本近世国家の諸相』東京堂出版、一九九九年)。

大名には記録がありますので、御目見適齢の十五、六歳になっても病身のときには、事前に「小用(小便)繁しく、長く座っておられませんので、御目見の御伺ができません」などと申し出たことが判明します。時間をかせいで治療につとめ、一、二年後に少し元気になって、初御目見をするわけです。

初御目見は重要な儀式ですから、『寛政譜』には必要記事として載っています。といっても大名の記事には洩れが少ない(家督御礼時に代行される)のに比べ、旗本の場合は不完全です。一生涯小普請の人でも初御目見の記事がある者もあり、御番入した番士に洩れている者がいます。おそらく番士勤仕後将軍家の御目見時に代行されているのでしょう。

大番士の倅は、京(二月)・大坂(七月)勤番出発時に父とともに一同「白書院納戸構」で初御目見をします。甲府勤番・無役も、江戸住の小普請無役も「一統御目見」として、「黒書院勝手」など部屋でない畳廊下の一画で、将軍の通行時に奏者番の披露で姓名を紹介されるのです。

その際家禄五百石以上か寄合の子は、前に「太刀銀馬代」(銀子一枚四十三匁)を置いて献上します。無役小普請の当主たちには、将軍への御目見は生涯一度きりといえます。

このほか各役職者は、

・五節句《ごせっく》…元旦のほかに重い式日として、若菜《わかな》（一月七日）、上巳《じょうし》（三月三日）、端午《たんご》（五月五日）、七夕《たなばた》（七月七日）、重陽《ちょうよう》（九月九日）を五節句とするが、幕府では若菜は重い儀式ではない。
・嘉定《かじょう》……嘉祥ともいう。六月十六日の式日には、登城者全員に餅と菓子をたまわる。
・八朔《はっさく》……年始につぐ重い儀礼日。八月一日の家康の関東入国の記念日と重ねる。
・玄猪《げんじょ》……十月の初亥の式日。登城者全員に餅と菓子をたまわる。
・月次日《つきなみび》…一日、十五日、晦日（二十八日）の三日がその月の式日登城日とされる。ただし後述のように欠ける日もあり。

などの殿中行事の際に、その役に定められた日に指定席で御目見が許されます（第六章「年中行事と登城日」参照）。そのことは『大概順』の拝謁席に記載されています（本書の『大概順』には省略してありますので、興味のある方は拙著『江戸幕府旗本人名事典』別巻を参照して下さい）。無役の人でも、寄合・小普請五百石以上の人と、五百石以下の人は三年に一回くらい、正月三日の賀儀に登城したといわれます（『史料徳川幕府の制度』人物往来社、一九六八年）。

家督相続

家督相続は幕臣にとってとりわけ重要な行事です。

家督とは、「主君より給される家禄を先代から相続して、その家の当主になることを主君から認知されること」を指します。家督を相続すると、当主が家の代表で、隠居・厄介親族は従属者になります。旗本を数える時は、隠居（幕末時）や惣領が勤役者でも員外で、当主だけを家数にかぞえます。

家督相続を跡目相続ともいいますが、『寛政譜』の用語は、「遺跡をつぐ」「家をつぐ」とし、家禄は知行・采地・廩米《りんまい》（蔵米支給）他とします。大名は「封をつぐ」「遺領をつぐ」、領地・封地とかわります。

古い時代では、父も子も勤仕し、時には子の禄（六百石）の方が父（四百石）より多い時があります。父が死去しても「家をつぐ」とはせず、子の禄六百石が家禄とされ、父の死去で当主になります。時により父の禄を加えられる時も、弟たちに配分されることもありました。人材の不足した時代は二、三男も幕臣として取り立てられ分家になりますが、吉宗の代以降は父の家禄分与以外は分家への取り立てはなくなります。

記録を見ておりますと、「父子同高につき跡目願い不申《もうさず》」という表現にぶつかります。江戸時代後期にはよく見る文言で、『寛政譜』には「家をつぎ」の文言が記されないので、いったいいつ相続したのかわかりません。

これは、たとえば家禄三百俵の家の惣領が、相続前に小性組・書院番（両番）に御番入して、父とは別に職禄三百俵として部屋住切米という手当をもらっているケースが考えられます。その後父が死去しても、家禄も部屋住切米も三百俵と同額なので、相続の手続をとらないという慣習があるのです。父が二百俵で惣領が大番（二百俵）の時も同じで、父の家禄が俵でなく石であるとか端数がつくと、改めて跡目相続をとります。いずれにせよ『寛政譜』の例と同じく、父の死去で子が当主になることです。

当主の死去に際しては、惣領への相続もありますので、死亡後当人の支配先に内報して次の事項の手続きをとります（拙稿「元大番組頭の葬送記録」『風俗』一一九号）。

①家族年齢附覚書（男子総領・厄介の紹介）
②病症御届書（幕医ほかに投薬をうけている届）

③病気見届通知（判元見届・支配者側が親族立合を求める）
④回復見込なき届と医師名通知（複数の医師でうち一名は幕府医師が必要）
⑤跡目願書呈出
⑥病死届（実際の死去より遅くなる。次項参照）
⑦忌服定式指示

以上の手順を経て、惣領に家督が許されます。

さて、死亡届・跡目願とかの書類提出後、二ヵ月経過すると、相続者が江戸城菊間に呼出され、老中列座月番から家督を申し渡されます。御家人の家禄のある家は、上下格の家は躑躅間で、羽織格の家は父の支配者宅（あるいは小普請組支配宅か不明）で申し渡される違いがありました。抱入席の番代は支配者の宅で申し渡されます。旗本はすべて菊間申し渡しで、それ以後「家督御礼」に登城しますが、五百石以下は「小普請組一同」「甲府勤番支配番士一同」とか、支配者がとりまとめて手続きをします。

「御礼」の額は以下の通りです（『柳営秘鑑』より）。

三千石以上　独礼、太刀金馬代一枚（大判金一枚　時価二十五両くらいで市中より求める）

千石以上　太刀銀馬代三枚（一枚金〇・七両）

五百石以上　太刀銀馬代一枚

三千石以上は寄合と優遇されていますので、独りだけ御目見をし、三千石未満は一組になり将軍の殿中通行時に御目見をする違いがありました。

大名のばあいは、家督申し渡しは月番老中宅でおこなわれ、数日後登城し独りずつ献上物をします。家督の場合幼年の時もありますので、名代（代理）でさしつかえありません（初御目見は必ず本人でないといけません）。

前にも少しふれましたが、『寛政譜』には大名・旗本のなかに「初御目見」の記事のないときがありますが、この家督御礼に本人が出たときに、おこなわれたと推定しておりまず。ただし五百石以下の家には、番士になっていても、初御目見の記事がないこともあります。一生小普請で終わった人に、初御目見の記事があるのに不思議なことですが、前に述べたように番士として御目見するときに済ませていると考えております。

隠居するにも一苦労

家督相続の手続き上、実際の病死届が遅くなることがあります。しかし単なる手続きの問題ではなく、幕末になると、御家人より旗本に昇進し布衣以上に進んだ家は、惣領も両番（三百俵）になり部屋住切米（第七章参照）をもらっていますので、当主の死去を二、三年かくして、家禄を二重取りする慣習がありました。それほど幕臣の経済事情が悪化していたといえましょう（別項「死亡届のからくり」参照）。

またわれわれには理解できないことですが、飛驒高山郡代の榊原小兵衛は、文化十年（一八一三）九月十六日、高山在陣中死去していますが、公表は同十二年三月二十三日です（『高山市史』）。郡代陣屋には実務者の元締手代が揃っていますから、実務は問題ないと思いますが、なぜ地方長官の死亡を一年半も秘密にしたか、その理由がまったく推察できません。

当主の死去を隠すくらいですから、父が隠居し、子が家督相続をするばあいにも経済的な問題がいろいろ生じました。

当主が隠居の願を出しますと、当主と惣領の父子が江戸城に呼び出されます。申し渡しは父子とも菊間においておこなわれ、父は本人でなく名代が出ます。子は本人が原則ですが、都合により名代も許されます。

このの ち五百石以上の家は、前項で紹介した献上品を差し上げるわけですが、父のほうはこれとは別に隠居御礼として、太刀銀馬代一枚を献上します。大名は各家とも基準がはっきりしていますが、旗本は各家の家譜に精粗があり、隠居御礼献上については交代寄合三千石の『金森家譜』に記載がありました。五百石以上は同様に太刀銀馬代一枚と思います。

隠居する当主が布衣以上の高官を勤め、惣領も役職を勤め部屋住切米をもらっているときは、惣領の切米がこんどは父の隠居料に振り替えて支給されます。

元禄ころまでは、隠居料の基準は一定せず、八百俵以上も支給された実例がありますが、吉宗代以降、職禄制度が整い惣領の部屋住切米ときまりました。各番方の職禄（三百俵・二百五十俵・二百俵・百俵）が振り替わり、最高の事例は五百俵です。

五百石の人が普請奉行を勤めていると、足高千五百石を加えて二千石を支給されますが、惣領が両番で切米三百俵では、隠居後家禄五百石の子に親の生活費を賄えとはいえません。結局父が隠居しにくくなります。それに昔の老人は、当主の座を離したがりませんので、惣領の切米を存命中支給すれば隠居しやすくなるだろうとの方法です。

隠居しても年百俵以上の支給があれば何よりです。ちょっとややこしいですが、次のようなケースを考えてみましょう（計算のしかたについては第七章をごらんください）。

両番におれば三百俵大番ならば二百俵ですが、父が御家人三十俵二人扶持から、勘定に昇進して旗本になった人の惣領は部屋住勤、基本切米が三十俵です。

父は足高百十俵を支給されて勘定で百五十俵、さらに昇進し天守番之頭四百俵高となっても足高三百六十俵、家禄は三十俵二人扶持と変わりません。

惣領が御番入すると父の役職の格で大番に入ります。部屋住切米は二百俵ですが、基本切米は父と同じく三十俵で百七十俵の足高のかたちをとります。

さらに父が布衣役職に昇進すると、家禄は百俵に加増され子も大番から両番に番替になります。切米は三百俵にふえますが、基本切米は最初の大番の時の三十俵のままで、二百七十俵は足高となるかたちです。

そこで父が隠居すると隠居料は基本切米の三十俵だけとなり、これが最低の状態です。父の勤功により隠居料が三十俵以上になることもありますが、原則は子の基本切米であることに注意しなければなりません。

もう一つ注意することは、役職の旗奉行・鎗奉行・西丸留守居（以上二千石高）や二丸留守居（七百俵高）を隠居役といいます。これは隠居前の一種の優遇で、隠居料とは別で職禄を低下させても、現役扱いという処遇です（拙稿「御番入と部屋住勤仕者の切米支給」『風俗』一二七号）。

矍鑠《かくしゃく》たる幕臣たち

徳川綱吉も柳沢吉保も四十の賀を祝っております。元禄のころまでは、人の寿命も四十歳前後といえましょう。吉宗以降は大名・旗本も四十代後半で隠居し、二十代の惣領が家督を継ぎ交代してゆくのが、一つの型になっています。

そんななかでも矍鑠として現役を続けた幕臣もありました。

幕府の一部局（表右筆所か奥右筆所かは不明）には、幕臣が家督時や転役時に呈出する「明細短冊」（身上書）がありました。それには呈出時現在の年齢（寅三十六歳など）が書かれていますます。生年は書かれておらず、年齢も実際より五年くらい多い「公年」になっています。

これを整理したり、あるいは「分限帳」が存在していたとすれば「番付」が容易に作れます。近世人の特徴として、喰物とか事件・人物などなにかにつけて番付表や一覧表を作

ることがあげられますが（時折偽作まで出ます）、幕臣について信用がおけて活字になっている表には、

①天保五年（一八三四）表『甲子夜話』八十歳以上十一人、七十歳以上三十九人、布衣以上役職者のみ。

②嘉永三年（一八五〇）表『旧幕府』八十歳以上二十七人　役職者のみ。

③嘉永六年（一八五三）表『殿様と鼠小僧』より蒲生眞紗雄氏作　八十歳以上二十五人　役職者のみ。

があります。いずれも幕末期に作られ、当時の人の興味が知れます。

詳しく調べると文化年間くらいの作表もありますが、拙著『江戸幕府旗本人名事典』（寛政十一年［一七九九］末）には、公年年齢の付記があり『寛政譜』と確認したものもあります。この作成中に七十歳以上の役職者と無役の人をメモしましたので、挙げてみます。

八十歳以上　三十五人　役職者十七人、無役十八人。

七十歳以上　百四十五人　役職・無役の区別なし。

計　百八十人

五千百八十六家に対して、三・四七パーセント

となり、概数四パーセントまでの高齢者がいたとみられます。参考までに各年度ベスト

5を挙げてみます。

寛政十一年（一七九九）

筧吉太郎	九十一歳	三百俵	無役
梶川庄左衛門	八十七歳	四百俵	鎗奉行
館九八郎	八十七歳	百五十俵	西丸切手番之頭
山崎兵庫	八十六歳	三百俵	無役
三枝豊前守	八十五歳	千五百石	西丸留守居

天保五年（一八三四）

堀甲斐守	九十四歳	千五百石	西丸鎗奉行
石川左近将監	八十七歳	五百石	留守居
大河内肥前守	八十四歳	五百石	西丸旗奉行
谷口甲斐守	八十四歳	五百石	西丸留守居
佐原勘右衛門	八十四歳	四百五十俵	鎗奉行

嘉永三年（一八五〇）

鈴木対馬守	百歳	二百二十石	西丸留守居
土屋紀伊守	九十八《ママ》歳	千石	留守居

井上元七郎	九十六歳	百俵	広敷用達
山本清兵衛	九十歳	百五十俵	二丸留守居
吉見本治郎	九十歳	百俵	奥膳所台所頭

嘉永六年（一八五三）

井上元七郎	九十九歳	百俵	林奉行
土屋讃岐守	九十五歳《ママ》	千石	留守居
皆川治兵衛	九十五歳	百俵	勘定
吉見松五郎《ママ》	九十三歳	百俵	奥膳所台所頭（本治郎か。『嘉永七年武鑑』）
玉井藤右衛門	八十九歳	二百俵	西丸鎗奉行

このうち土屋讃岐守（紀伊守。『寛政譜』から嘉永三年は九十三歳、同六年は九十六歳が正しい）は、『柳営補任』に「天保十二年（一八四一）九月二十日、留守居を老年まで勤め（八十四歳）紅裏《もみうら》二反他を下賜、以降着衣に紅裏の使用を許された」との記事があります。老人優遇として紅裏着用は恩許とされますが詳しい条件は不明です。

『寛政譜』にも各人の死去年齢が出ており、九十歳以上百余歳の事例も所々にあります。封建社会は老人を大切にすることが基本ですので、頑強な老人をそのまま勤務させます。

天保二年（一八三一）春に八十歳を超した十六人に御酒を賜わった記事（『事々録』）や、嘉永六年一月に御家人某が老齢旗本を自版して知人に見せ、それを見た商人が「旗本氏名十七人」「老年之方紅裏御免の次第」を、一枚四文にて市中売りあるき大儲けをした話題（『藤岡屋日記』）もあります。

いちばん悲しい話は、嘉永二年（一八四九）五月六日、西丸留守居鈴木対馬守（二百二十石）九十《マ》八《マ》歳は、惣領権太郎が小性組勤仕中、七十歳で老衰辞職し、特に部屋住基本切米二百俵を存命中いただくことになりました。幕府はじまって以来、部屋住の老衰辞職は初めてとのことでした（『事々録』）。

補足しますと、権太郎の長男岩太郎は父より早く死し、二男伯耆守は祖父のおかげで二百二十石でも御小性に登庸されました。長寿も悲喜交々です。

死亡届のからくり

旗本が死ぬと、いったいどうなるのでしょうか？

死去後二、三日で内葬できれば問題ありませんが、本人が事件や犯罪にかかわっていると、なかなか埋葬の許可が下りず、十数日余にわたって自邸になきがらを置かされ、家族や周囲の邸にまで死臭で迷惑をかけることがありました。夏ともなると大変だったと思います。

将軍家の場合は、薨去後も一ヵ月くらい内秘にして、日を定めて公表されます。大名でも死去日と正式発表の死去日が違うことがありますが、いずれも棺にたくさんの防腐剤を入れてありますので、御殿内に置いてもさしつかえないのでしょう。

武家の死去後は、ほとんどが土葬ですが、『寛政譜』の記事のなかには、わずかですが火葬にする記事もありました。

さて、まえに旗本の死亡届を故意に遅らせる慣習に触れましたが、その理由を少しくわしく説明します。

旗本大谷木藤左衛門は、家禄二百俵の御家人大番与力より、広敷用達の旗本に昇進しました。抱入席の与力から譜代席の御家人に昇格しますと家禄がつきます。藤左衛門は「文化十一年武鑑」に、西丸広敷御侍と出てきて、その時に職禄がなくなり、家禄が付きます。与力の職禄二百俵から広敷御侍となると七十俵の家禄となり不利ですが、たぶん、その身一代として百三十俵の別な足高がつくはずです。抱席の与力は職禄二百俵と高禄ですが、譜代席に昇格して家禄を決めるとき、七十〜百俵に下がり不利になります。そのため、その身一代かぎりは二百俵との差額が保証されるわけです。ただし布衣になり家禄百俵になると、その恩典もなくなります。

さらに昇進して姫君用人・二丸留守居の布衣になり、家禄七十俵が百俵（布衣の優遇加増）にされ、別の足高百三十俵は消滅したと思われます（与力からの新家禄・別足高は例が少なく推定になります）。

安政三年（一八五六）六月八日、藤左衛門は老衰御役御免で、無役の寄合に入り（家禄百俵での生活）、同六年一月二十八日に死去しました（『寛政譜以降旗本家百科事典』）。

しかし、本当は二丸留守居在職中の安政三年四月十九日に死去し、約三十両かけて内葬していたのです（以降の記述は藤左衛門の孫、大谷木醇堂の記した『醇堂漫録』［二］による）。死去届までの二年十ヵ月（閏月あり）、あたかも本人が病床にあるかによそおっていたわけです。その後、正式の死去届と相続の手続きを申請し、形式的な判元見届を無事おえて、約二十両かけて本葬をおこなっています。

この理由は、死去届まで藤左衛門は家禄の百俵、養子惣領の勝之助は父が布衣なので小性組士として、職禄三百俵（基本給は父と同高の百俵、二百俵は足高として）支給され、大谷木家には四百俵の年収がありました。もし藤左衛門が死んで勝之助が家督すると、家禄百俵と足高二百俵の三百俵となり、年収で百俵減ります。死去届を二年十ヵ月遅らせたおかげで計二百五十俵＝百三十二両二分が過剰収入になったわけです（一見、過剰収入が少ないのは、蔵米の前渡しによります）。

このやりかたは藤左衛門自身が孫の醇堂にたいし、「死を隠微する事三年は可ならん」と、死後の資金不足を補う方法を指示していました。

御家人から布衣に昇り家禄百俵の家は、無役になると百俵だけの収入ですから、惣領が両番士など勤める家や、老年で病気がちの布衣の役人が、過分の足高をつづけてもらうため、死去届を遅くする慣習が黙認されていたようです。

幕末の御触書には、死去届の遅延を咎める触書が出ています（『幕末御触書集成』No.二四二六〈天保十二年〉・No.二六五一〈慶応三年〉）。

終の住み処は

旗本の葬儀に際しては、規則が厳格な江戸御府内においても、身分より数等上の行列を組むことが許される優遇がありました。

『寛政譜』には、代々の人の死去・葬地・法名について、大名と万石以下とは、書式に格差をもって記載されており、一部に神・儒葬もあります。

【大名のばあい】

法名は四字戒名と院号（院殿・大居士を付けない）、葬地は多岐にわたります。在所・江戸の複数の寺に埋葬し、葬地を定めない家や、在所か江戸のどちらかを代々葬地と定めるなど、いろいろなかたちがあります。任地の京坂など遠国での死去は、在所・江戸に遺体を運ぶか、現地で火葬にして遺骨を運びます。

参勤交代の途上の死去は、在所か江戸に遺体を運びます。小さい大名には、葬地が在所にあり、江戸で死去の時は火葬にして、遺髪と遺骨を在所に送る家もあり、大きい大名は江戸から在所に遺体を運ぶ家もありました。

【旗本および万石以上附家老のばあい】

法名は二字戒名のみですが、実際には家々によって、院殿大居士、院殿居士、院居士と必ず付けていましたが省略されています。法名は宗旨によって違いますが、旗本は院居士が多いようです。高禄になると院殿号がつきますが、各家の家譜がないと、大居士か居士かはわかりません。斎藤家（六千石）は五位以上大居士それ以外は居士、安藤家（二千五百四十石）はすべて当主は大居士です。

葬地は原則として○○寺を代々葬地とすると、必ず幕府に届けてありますが、時代と人によっては別の寺に埋葬する人もあります。傾向として日蓮宗が多いようです。

何代か別の寺に埋葬が続くと、代々葬地の寺は、自系の本山も巻き込んで寺社奉行に苦情を申し入れて騒動になります。

【その他】

役職で各地に赴任したり、大番のように京坂に在番の人が、任地で死去した時は、現地で適当な寺をきめて埋葬してしまいます。火葬して遺骨を運ぶ記事は目にしたことがなかったと思います。

また、甲府勤番士は、甲府に代々葬地を定める家や、途中より赴任し江戸に代々葬地のある人も、甲府で埋葬されております。『寛政譜』以降は甲府流しといわれる人も多くなりますので、あるいは火葬にして江戸に遺骨を運ぶこともあったかもしれません。

【旗本の家臣のお墓】

大名家臣の在所・江戸での葬所については今後の課題ですが、旗本家臣については史料があります。

旗本の家臣には、渡り者と、主家と由緒の深い譜代の家臣と二種あり、どちらかといえば各家を転々と渡りあるく人たちが主でした。士分であれ小者であれ、譜代の者は大切な数少ない存在でした。

渡り者は主家を離れると浪人か庶民に属するかはわかりませんが、原則として勤務している間は、苗字と帯刀ができるといわれている身分です。彼らのなかには幕府の行政知識を豊富に持っていた人もおりました。

旗本の当主が御番入後出世をして、遠国奉行や勘定奉行など行政職の頂点に立ちますと、家老とか用人が行政職を分担し、渉外の窓口にもなる必要が生じます。行政職でない御側衆でも渉外窓口になる家臣が必要です。こうしたことは渡り者の専門家でないと勤まりません。主人が退職すると、引き続いて渉外担当者として後任者の家臣になります。また一回はあけて、次々代の主人に仕えるなどのケースもあります（この関係は代官と農民出の手代と同じかたちです）。

主人が葬所の面倒をみるのは譜代の家臣ですが、三千二百石寄合の旗本、佐藤家の子孫である佐藤任宏《たかひろ》氏から、貴重な調査コピーをいただきました。

佐藤家は、本国美濃国のほか大和・摂津・近江の国で三千二百石の知行地を持ち、幕初から裕福な御家でした。そのため、士分・小者に譜代の人や、知行地から出てきた人が、多かったようです。

佐藤家の「代々の葬地」である浅草智光院過去帳より、天明四年（一七八四）～慶応三年（一八六七）の八十四年間にわたる「佐藤家有縁者」が作られていました。

総人員は八十七名、記載の職名は、

・老女
・当主実母
・家臣（同子女を含む）
・足軽

・仲間《ちゅうげん》
・下女

に分けられます。大多数は仲間で占められ、家臣（士分）が少ないのは、家臣は自分で寺に墓地を持っていたと推測されます。

このほか春日局の実家とされる斎藤家六千石の「代々の葬地」は、本郷の麟祥院にあります。子孫の祭祀後継者の坪井三郎氏に、その墓所を案内された折、域内に「譜代家臣墓」の石碑一基がありました。

明治以降墓所はせばまり、実際の家臣墓はどうなっていたかは不明ですが、譜代の家臣を持つ高禄旗本家では、譜代家臣の墓所には深く留意していたことを痛感しました。

第四章　「イエ」制度のなかで

本家と分家の微妙な関係

前章では家督相続や隠居の話をいたしました。本章では日本社会の特徴ともいわれる「イエ」制度と武家、旗本についてお話しいたしましょう。とくに本家と分家、あるいは養子の問題が中心になってくると思います。まずは本家と分家から。

大名のなかには、自分の領地のうち「何万石かを、自家の表高を減らさず、二、三男に分知する」内分知がありました。領地を明確に分与し、その地を将軍家から二、三男に与えるかたちが正常な分知ですが、自家の表高を減らさず、内分知とか内証分とすることもありました。

①自家の新田領地を、明確に示して内分知にする。分家の在所も示す。

②あえて①のように明示せず、新田の内「何万石」を内分知する。在所は本家城下とする。

③自家の収納の内、毎年蔵米で現物給付する。「一万石」とする時は蔵米で三千五百石を分与する。
④家によると、分家が幕府か本家より「数千石」の知行を受けており、これを一万石以上の大名に加えるため「何千石」かを①〜③のかたちで、本家より内分知し大名に昇格させる。このかたちで大名に列した家も多い。

いずれも幕府にとっては痛くもかゆくもない話ですが、大名側には「軍役」の増加、「公家饗応」「御手伝」などの臨時費用は、内分知しただけ増加負担がありました。

旗本の場合にも「明確な分知」の他に、①〜④のかたちでの内分知があります。このことは、将軍家より禄をいただかず、本家の負担支給になります。本家が将軍家より領地を与えられたものを分知し、幕府も一般の家と同じように「分限帳」に列記するのですから、問題ないことです。しかし『寛政譜』をよく注意して見ないとわからないので、このような変形な家が存在していたことを付け加えておきます。家禄は「分限帳」の序列の基本でもあり、三千石以上（若年寄支配寄合の扱い）とか千石以上とか、自家の分家にふさわしくしておきたいと思うことが、この形になったようです（旗本個々については拙著『江戸幕府旗本人名事典』の家禄の項に説明してあります）。

また大名・旗本とも①②は、本家が転封になった時とか、改易絶家になった時には、新田を本田に移す手続きがともないますが、『寛政譜』でも古い時代の分は本家転封時に分家新田高の本田高への変更を、明示しておりません。

このような形式の旗本家は、『寛政譜』『江戸幕府旗本人名事典』により把握できます。

①でも近世においては、本家は分家の経済不如意（貧乏）に際しては、本家が苦しくても援助します。大名の分家で大名旗本となっている家にも、高禄旗本の旗本分家においても同じことがあります。

本家も苦しいから、いつも笑顔ということはありませんが、概して本家の義務という心がけはあり、分家の者の元服の際には本家の偏諱《へんき》を与えたり、参勤時の在所・江戸において折々謁見をします。分家からみると将軍と本家と二つの主君を持ったのと同じです。

分家といえど将軍からは独立大名として承認されています。にもかかわらず、本家は時には強い内政干渉をします。幕府への文書手続きには本家の届書が必要とされ、それがない場合は幕閣も添書の必要を示唆するのです。

とくに大名として本家の強い家の例に、鍋島・毛利の両家があります。

鍋島家の場合は関ヶ原合戦時に本家は当初西軍側に立ち去就を誤りました。一方、三分家の徳川家への協力は並々ならぬものがありました。こうした微妙な関係もあって、分与額が多いにもかかわらず、本家は分家を家臣並に扱うことを自任し、家禄相応の「城主格大名」の添書もせず、冷遇しました（詳細は拙著『江戸幕藩大名家事典』、野口朋隆「近世大名家の『分家』大名化と幕府年中行事」『日本歴史』六六二号を参照下さい）。

毛利家でも分家改易があり、関ヶ原合戦に貢献した吉川《きつかわ》家の冷遇が幕末まで続きました。反対に幕府側としては吉川家を陪臣の中で随一の大名扱いをします。奥右筆には次のような話が残っています。

毛利家への書付には、「其方家来吉川監物」吉川家への書付には「其方本家大膳大夫」と書くよう双方より申し入れがある。

当時は、毛利家には吉川家を家臣とみる、吉川家には毛利分家との意識がありました。分知大名ではない陪臣（江戸に拝領屋敷があり献上物もします）ですから、近世中頃には毛利家でも、当時本家家老にあった毛利一族の重臣たちは、吉川家を家来に格下げしたい心底だったのでしょう。

幕初本家に尽した分家も、年数がたち血縁が薄くなることと、一族ながら家来となり、結果重臣として権力を持つにしたがい、本家・分家の間柄において分家の格下げは、気持がよいとの意識があったのでしょう。二筋の糸が三筋でからむと、むずかしくなります。

一方、本家が騙されていることがわかっていても、経済補助をする例があります。

上野七日市一万石余を領する前田家は、利家の子の家筋ですが富山・大聖寺とは違い、徳川家の血統は入っておらず、人質の一員として江戸に来て徳川家よりの給地で、一万石の大名となっていました。

本家は参勤交代で碓氷《うすい》峠を通りますので、在所にいれば出向いて目通りしますし、いない時は江戸で目通りします。資金不足があればおねだりも聞きとどけてくれます。百万石の台所では同族一万石の家にも思いやりがあります。

ある年大坂加番が命ぜられ、準備金不足として数百両をもらいました。

当時、大坂加番は家禄同額の給付があり、家計不如意な家では、運動・工作費を使っても受けたい御役でした。福島城三万石の板倉家の殿様などは一生のうち何回も勤め、家の経済のためひいては家臣のため、苦労いとわず勤めたと告白したくらいです。

本家の前田家や家老たちも二重取りを知らぬわけはありません。知って経済補助をしたのでしょうが、あまりおねだりが度重なると今回限りとなり、藩主の無駄遣いや家中騒動が見込まれると、殿様の隠居とか、本家の人が送りこまれて家政改革を強制されることにもなります（『富岡市史』）。

宇和島伊達家は、十万石の内三万石を分知する際、本家と分家のあいだで他家にもあるような反目をおこした経験を持っています。

もともと宇和島十万石は伊達政宗の関ヶ原の戦功により与えられ、それを庶長子秀宗が継いで、准国持大名という好遇で発足しました。仙台の本家の領地を分与されたわけではなく、徳川家の取り立てによる所領であり、前田の二分家とは位置づけが違います。

越前松平家では、津山家（美作《みまさか》）が嫡家、福井家が宗家と、世間ではみています。同様に宇和島家は、仙台家とは血縁関係を重ねていました。ところが五代村候《むらとき》の代に「本家末（分）家ではなく、宇和島は別家」と言い立てました。先に記した藩成立の経緯からすればそうともいえます。

結果は曖昧に、仙台は「本家・末家」と心得、宇和島は「本家・家分れ」と心得ると、仙台寄りで和熟しました。経済的にも大支出時に援助をうけた関係もあり、仙台重臣たちの末家視の主張と、間に入った幕府も御三家という分家を抱える立場から、結果は仙台側に有利の判断でした。

その後幕府には本家届書がつづき、他の本家分家関係と同じく、一般事項や官位昇進にも本家から届書が出されました。本家末家のあり方の重要な例です（倉持隆「宇和島藩主伊達村候と仙台藩」『地方史研究』No.二八九）。

敵対の家、友好の家

ここでちょっと横道にそれるかもしれませんが、武士における家と家の関係、そして本家と分家の関係についていくつかご紹介しておきます。大名の例が多くなりますが、旗本についてもだいたい似たようなケースが多いと思われます。

大名の家には、昔の敵対の家・友好の家という間柄が平時でも続いていました（『要筐弁志』写本）。

【敵対の家】

A．島津家……伊東家　旧所領の隣接
B．前田家……丹羽家　旧加賀所領の隣接
C．南部家……津軽家　旧家臣津軽家の独立

D．池田家……永井家　池田信輝父子が長久手戦で永井直勝に討取られた。

Aのケースは大広間と柳間と別席であり、Dのケースは外様と譜代ですから伺候席の同席はありません。

Bのケースは前田本家は大廊下席の別格ですが、分家の富山・大聖寺（極官侍従）の前田家と丹羽家（准国持〈極官侍従〉）は、柳間（五位の時）、大広間（四位から侍従）と同席ですから、同席の他の大名が古い昔のことゆえ、和解されては如何と口添されたといわれます。本家も昔のこととして分家はよしとされたのでしょう。

最も激しいケースはCです。

文政四年（一八二一）には講談でも有名な相馬大作事件として津軽侯狙撃計画が企てられ、翌年に相馬大作は、小塚原で処刑されます。

文化五年（一八〇八）津軽家十万石、南部家二十万石と格上げされ、両家大広間席となります。大広間大名は官位の任官順が優先しますので、時には津軽侯が南部侯の上席になる可能性がありました。それが無念だったのです。殿様は参勤交代の年が違いますから、顔が合うことは原則ありませんが、家として献上物をする時に、家臣も主人の順になりますから、実害があります。ただ南部家は国持大名、津軽はそれより一格下で侍従まで進む家ですから、家格が違うので目先の前後は気にするべきではありませんが、永年の仇敵であれば話は違うのでしょう。

反面、昔の関係で、きわめて懇親の間柄であった大名家もいくつかあります。

浅野家（広島侯）と秋元家（館林侯）……文禄元年（一五九二）、浅野長政が秋元長朝を徳川家勤仕に推挙。

伊東家（飫《お》肥《び》侯）と秋田家（三春侯）

土井家（古河侯）と三浦家（勝山侯）……三浦家初代正次の母が土井利勝の女。

南部家（盛岡侯）と西尾家（横須賀侯）

井伊家（彦根侯）と永井家（櫛羅侯・本家）……対上方協力家

この他『武鑑』に他姓の家が併記されて、これに似ていますが、今では探しにくくなっている家があります（第一章「書いてあること、載ってないこと」参照）。

佐竹家（秋田侯）と岩城家（亀田侯）……元親族

戸田家（宇都宮侯）と秋元家（館林侯）……元親族

阿部家（福山・白河侯）と安部家（岡部侯）……発音同じ
小笠原家（小倉侯）と林家（請西《じょうざい》侯）……古い同族

義絶つかまつり候

幕府当時、国持大名間で義絶の実例が生じました。仲の悪い大名家とは別に、本家・分家・縁家などの間に、義絶することはありました。

『藤岡屋日記』嘉永四年（一八五一）六月に次の記事があります。

御徒頭松平万三郎（家禄千石。本家の分知でない）から幕府へ届出がありました。

「本家松平遠江守（桜井松平　尼崎城四万石）より存寄有之《ぞんじよりこれあり》（考えることがあり）義絶仕候段申《もうしきけ》聞候間、不得止事《やむことえず》、此段申上置候」

理由は不明ですが、万三郎は同年七月二日辞職していますので、事実だと思います。

同じく元治元年（一八六四）三月には、大名と旗本との義絶解消通路復活の記事があります。これも詳細は記載されず、届だけですが挙げておきます。

御使番　小出右近（安政三年以降家督、元治元年一月十一日使番、五千石）

右　右近義、養方高祖父（であり）実父故（岩城）伊予守（隆喜）存寄御座候に付、（右近の養父、火消役小出伊織有儀に対し）嘉永四年（一八五一）義絶仕候、然る処此度、和談之儀、双方申談、通路仕候、依之此談御届申上候　以上　岩城左京大夫（隆邦・出羽亀田城主格二万石）

これ以上は詳細はわかりませんが、嘉永四年の当主小出伊織は中奥小性の石河《いしこ》壱岐守の実子で小出主水《もんど》有度の養子になった人です。

もう少し具体的なものを、大名・旗本から出してみます。

①岡山池田家より仙台伊達家への義絶

岡山池田家の当主継政は、伊達吉村の女と結婚し、嫡子宗政を儲けながら元文二年（一七三七）に離別し、以降継政・宗政父子は、伊達吉村・宗村父子と義絶すると通告、老中に届出書を提出しました。

当時、伊達宗村には将軍吉宗の養子、利根姫が入輿していましたので、利根姫への挨拶も止めることになり、幕府に事前打合もないままだったので問題が大きくなりました。

両家の言い分は、くい違いがあり、是非は不明ですが、池田家の事前の手続き不充分がありました。

結果は継政の隠居となり、伊達家より和談の内話があったものの、正式の和談は天明四年（一七八四）まで五十年近くかかりました（大森映子「大名の離婚をめぐって」『湘南国際女子短期大学紀要』四号）。

なお、前出の宇和島伊達家の村候の本家・別家論争時（寛延二年頃）に、仙台と義絶関係にある岡山池田家に勝手に和睦していたことも問題になりました（前出、倉持隆論文）。

これは、岡山池田家と伊達本分家も義絶となっていたことを示しています。

②旗本花房家の分家義絶と通路

花房家は浮田家家老として一万六千石、のち退去し徳川家に仕え、六千五十九石余、幕初は在所から参勤交代をする交代寄合であり、のちに端数は分知し五千石の寄合として、幕末にいたる高級旗本でした。

この家の文書『花房家史料集』（二）に分家より義絶の和解詫書があります（以下大意）。

嘉永三年（一八五〇）分家三百俵花房冠三郎幸輾は、本家志摩守正理《まさはる》に義絶について詫書を出しました。

古く宝暦八年（一七五八）に第一回の義絶をうけ、その後御免いただきました。寛政二年（一七九〇）八月本家因幡守正域《まさくに》殿の御存寄により、私の養祖父靭負《ゆきえ》に対し義絶になりました。文政十二年（一八二九）菩提寺大乗寺住職を介して御詫しましたが、二回目なので許されませんでした。

その後養父清左衛門は甲府勝手小普請に（家計不如意か）移され遠く離れました。冠三郎は養子入り以来、本家から義絶となっておることを知り、永隆寺住職を介して、因幡守殿五十回遠忌に当り御詫申上げ、本家より御免なりがたい筋ではあるが、御聞届けいただきました。

義絶の原因は借金をお願いし、返済しないままだったことで、大切な本家末家の関係も隔ててしまいました。今後は借金は申入れても御断り下さい。ただ勤向にて乗馬・供人・行列道具に差支えるときは御援助下さい。

私の家は内分（知）同様の家ですから、幕命と同様本家の仰にも違背致しません。本家重役宛の書面を差出し、一通は本家の御手許に、一通は永隆寺住職に差出し、子々孫々に申伝えます。

原因は借金不義理の結果であり、通路が回復すると、本家末家の関係維持と本家の意向には違背しない約束をするほど、当時の本家分家は大切な間柄でした。

ちなみに和解の年、嘉永三年はペリーの浦賀来航の三年前にあたります。

同族養子から持参金養子へ

戦国時代には、男女を問わず子供は大切な人的資源でした。勢力拡大中は成人庶子たちを各地に配し、家の領地範囲を安定させなければなりません。女子は有力各家に縁組みさせ、あわせて勢力の大きさを示します。その過程で宗家への離反の危険もありますが、それでも健全な子女の保有は必要でした。

戦国末期より幕初までは、戦さで若死にする人もある反面、八十歳を超す長命者もあります。しかし江戸時代中期後期の長命者と違うことは、当主と正妻との間に健全な子孫が作られているばあいが多いことです。

戦さや病で当主が若死にしても、正妻は他家に再婚・再々婚して子どもを残しますし（徳川家康の母がまさにそうです）、反対に正妻が若死にしても次の正妻との間に子をなしていることからみても、男女とも身体健全であったといえます。将軍家でみれば秀忠夫妻までがそれです。家光は側室との間に成人する実子を持ちますが、家綱以降家継で秀忠の血統が絶えます。紀州から健康な吉宗が継続しますが、以降は徐々に健康が弱体化してゆきます。それは家斉の子女五十余人をみても、五十代まで生存した人は少ないことでも示されます。

けっきょく徳川十五代のうち嫡子は家光・慶喜（水戸家・正室の子）のみで、大名でも嫡子の人はきわめて少なくなります。良家の当主、正妻双方の体力が落ち、子が授かってもその次の代には絶えてしまうケースが増えてゆくのです（繁栄してゆく家もいくつかはありますが）。

この背景は何か考えてみます。

①平和な時代に入り生活が安定し、贅沢化して身体の弱化が始まる。
②家系を大切にするため近親婚の傾向が強い。
③育児に際し、乳母たちの白粉《おしろい》すなわち鉛毒が、幼児をむしばむ。
④当時の医療衛生が停滞したまま。

などが注目されます。乳幼児の死亡率の高さや、二十歳までの麻疹《はしか》・疱瘡《ほうそう》などの生活病、それを過ぎても二十歳・三十歳代の人が突然死亡することが少なくないのです。

こうして養子が多くなっていきます。『寛政譜』をみていますと、大名だけでなく旗本にも、家族の若死にが多くなり直系の維持に苦心しているようすがよくわかります。

はじめは同族からの養子です。

惣領が若死にし、嫡孫はいるものの幼年のときには、二男を相続人とすることがあります。このときは嫡系を大切にする慣習で、嫡孫を二男の養子に手続きをし、それを「順養《じゆんよう》子《し》」といいました。幕初には、大名・旗本は健康な子孫に恵まれ、旗本のばあいは二、三男の新規に召し出され、一家を創立しますから本家に男子が出生しなくても、同族の中から継承できました。

次に婿養子。しかし他家よりの婿養子を迎えても家付きの娘とのあいだに子ができないことが目立ちます。かりに側室に子ができても、それは「純粋な」血統保持にはなりません。もし大家で一族の家臣に血統のつながっている人があると、御家騒動にもなりかねません。

当主と嫁との間に子がなく、嫁方の肉親が養子に入ることもありますが、これでは他人の血になってしまいます（笠谷和比古氏は、中国や朝鮮では養子は男系で、血縁のある人とされるが、日本では嫁方や無血縁の人も、イエを存続するために相続を許される、と述べています）。

時代が下ってくると、だんだん血統のつながりより、家の存続のほうが重んじられるようになります。もし絶家でもして家臣が浪人となり、社会問題になるほうが困るのです。近親同族に養子とする人が少なくなると、最後には血縁に関係のない人が「続無之《つづきこれなく》候えども」と断って養子になります。しだいに養子は他人、しかも持参金養子があたりまえになってくるのです。

厄介という存在

旗本の二、三男をさして「厄介《やっかい》」といいます。

かつては彼らにも新規召出の機会が多くありました。四代家綱の時代までは各大名家に幕臣を補給しますから、幕府は人員不足だったのです（反対に大名の家臣は戦争が終わると人員過剰で、人減らしと相続ごとの減禄が続きます）。

五代綱吉が館林藩主から将軍職を継ぎ、ついで甲府藩主の綱豊が家宣として六代将軍となるにおよんで幕臣は飽和状態に達します。

その理由は綱吉、家宣の大名時代の家臣が、幕臣となったこと、そのうえ両将軍とも能楽・囲碁・将棋の有能者を旗本に召し出したことにあります（これ以降は新規召出となるのは、儒者・医師が主となります）。

こんな状況でしたから、八代吉宗は紀州からの召連者は少数に抑えました。また旗本には分知しない厄介の新規初御目見を取りやめ、実質新規召出はなくなりました（ただ技能があれば「其身一代御目見以上」の条件で召出があります。田村藍水［子孫医師旗本］、山中新八郎広亮［表右筆組頭まで］、眞野幸助勝次［鷹匠］などがこれにあたります）。

厄介の新就職は、新しく創立された御三卿の家臣のみで、幕臣より出向の他に、附切《つけきり》・邸臣《ていしん》の身分で紀州から来た吉宗側近の人の厄介が多く採用されました。

水戸斉昭《なりあき》のように健康な男子をたくさん持つ人は、持参金をつけて養子先をさがします。水戸家はともかく、ふつうの大名の厄介は、家臣扱いで二百俵くらいの支給ですから、それなりの持参金を持たせて、家禄千石以下にでも養子に出すことはありました。

ただでさえ人減らしや過大な借金利息の負担にあえいで経済的に苦しくなっている大名・旗本に、持参金が作れるのかと誰しも考えます。しかし実際には史料に、持参金の記事がよく出てきます。旗本にも高禄者・重職者・足高《たしだか》をうける役職者・余収の多い役職者がおり、旗本間に限る屋敷買収や、持参金付きの縁組みは可能でした。旗本が全員貧乏ではなく、裕福な旗本もいたから、売りに出た屋敷も買えるわけでした。

もちろん少禄の家では養子にやる金もないため、無頼に走る厄介もあったと思いますが、実際には、多くの厄介が惣領と同じ文武の修業をし、望まれて養子入するように努力していたと考えられます。

一方、女ばかりの家では、良家の有能な人物は人伝てに探していたと推定します。たとえば幕府医師のなかには、初祖以後名のある医師が出ず、なんとか家に箔をつけるため、時の名医の厄介を養子にと要望することがあります。名医の子であれば技能もあり、若くして御番医師から奥医師にも進める可能性があるからです。一般の家も婿養子に有能な厄介をさがしていました。

養子入（嫁入）の縁組みは、旗本間では支配の頭《かしら》に届け、若年寄に届きます。大名間と、大名・旗本間は老中届けです。旗本間でもどちらかに布衣が存在すると、両家の当主が城内に呼ばれ、老中・若年寄列座の席で月番老中から申し渡されます。

縁組みは幕初より重要事項でした。それは『藤岡屋日記』などの殿中御沙汰書を記載したものからもよくわかります。大名の場合は内々で親類も含め話し合い、老中の公用人とも内談し、内諾があれば大名に出入の「御先手（頭）」を以て正式に申し入れ、後日城中で認許されていました。

旗本の厄介というと、世間の嫌われ者で、相当の持参金がなければ養子に行けないと思われていますが、事実は誤解されているようです。もう少し公平な解釈が必要でしょう。

部屋住・養子で幕府高官

昇進の人々のほかに、幕末の高官の中には、意外に「部屋住勤役者」（父が幕職か小普請にあり隠居していない）や、他の旗本家より養子入した人が目につきます。

【部屋住の勤仕】

幕初は父も兄弟も役に立つ人は使うのが原則ですから、兄より出世する弟、相続者の長男でも父より禄・役職が高く引き立てられました。

子が相続する時に自分の禄が家禄になり、父の禄は弟たちに分けられ、系譜上は相続ですが、禄の高い子の場合は家督とせず、新しい家が創立された形になりました。

泰平になると、子は父の役職を超さないのが原則のようになり、両番士の子は両番士までとしていました。せいぜい出来のよい子の場合、父が番士で子が将軍側近の小納戸

（布衣）のような高い立場がありました。

時代が幕末の急変時になると、俊英の人は御家人からも、部屋住からも抜擢するようになります。著名な人でも実は部屋住で、父より出世をしていることになります。すぐに永井尚志、岩瀬忠震《ただなり》、木村喜毅（芥舟《かいしゅう》）、山岡鉄舟（誤解されていますが明治元年四月まで当主信吉の部屋住です）などが挙げられます。個人の伝記でもないかぎり、幕臣の家系の詳細が判りにくいので、なかなか拾い挙げにくい状況です。

【養子の人々】

いちばんよい例が技能職ですが、右筆・勘定・代官・医師などは、同一の血統では職務能力が低下します。医師などは人命にかかわりますので、能力の低い人は代々無役の小普請医師か、格だけあって実務のない医師に棚上されます。

なかなか御番医師への登用のない家は、今をときめく名医の二、三男を養子に迎え、役付医師になる努力をします。幕臣の、相続時に減禄のない安定ぶりには、人物を輩出することができなくなる欠点があるわけです。

停滞している家とか、男系のない家は、家の存続のためにも養子を入れます。幕臣は無為徒食をしているわけではなく、各人文武の修業につとめています。家を継げない二、三男の出来のよい人で、才能もあり実務もこなす俊英がいますので、貰う方も真剣に探して養子に来てもらいます。幕末時の人物で意外に養子の人が多いのは、この理由にもよります。

岩瀬肥後守忠震（外国奉行）　設楽《しだら》家より
小栗上野介忠順（勘定奉行）　父忠高が勘定奉行中川忠英の男
栗本安芸守鯤（外国奉行）　喜多村家より
杉浦兵庫頭勝静（箱館奉行）　久須美家より
永井玄蕃頭尚志（若年寄）　大名松平家より
藤沢志摩守次謙《つぐよし》（幕府陸軍副総裁）　桂川家より

時代の変遷は激しく、幕府が終わり、中央政府に残った人、勤仕を辞して江戸に残る人、静岡に赴いた人などさまざまですが、中央政府の中間職として残り、次代を支えた人々が多かったと聞いています。

余談ですが、多くの読者は、幕臣の大多数が新政府に仕えることを潔しとせず、静岡に去ったとお思いでしょう。塚原渋柿園《つかはらじゅうしえん》は、千石以上の歴々は朝臣にならず、采地に帰農し、小禄の人は静岡に無禄移住した者が多かったと記しています。また、江戸の商人も朝臣《ちょうしん》になった屋敷には物を売らず、当人も会う人に「私も静岡に御供したかった」と赤面しながらあやまっていたとも述べています。

江戸の市民や旧幕臣の心情は理解できますが、「幕臣のほとんどが静岡に行った」というのは必ずしも正しいとはいえません。静岡に無禄移住した経験を持つ塚原の言も、割り引いて聞く必要があるかもしれません。

静岡の郷土史家、前田匡一郎氏の推定では、静岡に移住した幕臣は約一万五千家、幕臣の約半分であり、それも明治四年の廃藩後、多くが東京に戻っているといいます（『駿遠へ移住した徳川家臣団』）。

当時は朝臣になることは、たとえ主家の徳川家のすすめであっても「二君に仕える」との批難を幕臣間で浴びました。そのために江戸に残った人は口を閉ざしました。そうしたこともあって静岡移住組が大多数と思われています。修正したいものです。

「戸籍」の偽造――「旗本株」はあったか？

ところで、これまで述べてきた背景から、御家人株のように持参金さえあれば、庶民・陪臣・御家人のどこからでも養子入ができる「旗本株」があったと思われる向きが多いようですが、これは誤解です。

庶民の入れるものは御家人株です。御家人のばあいは株の買い主が養子に入ってもそれを咎められることはなく、幕府としても「抱入席」の御徒・普請役は、有能人材の供給の役職と認識していました。

御家人の子は、又従弟《またいとこ》までの血縁以外（『御触書宝暦集成』No.八〇七）は旗本への養子は認可されません。御家人から旗本になるには自分で出世して旗本に昇進するか、御家人仲間で養子にゆき養父の昇進後、相続して旗本当主になるしかないのです。

もし庶民が旗本の「戸籍」を偽称し旗本になったばあいは、重大な犯罪になります。実際に庶民の子が旗本の実子として「偽戸籍」に入り、さらに他家に婿養子入りをしたことが発覚し遠島になった事例が『公用雑纂』（写本）という、旗本家で生ずる「問題の手続」の集成に載っています。『寛政譜』のなかにも、いくつか庶民市中の者が「戸籍」を偽り旗本の当主となり、それがわかって厳罰絶家になる話が載っております。

なお、ここで「戸籍」とカッコつきで記すのは、ほんとうは旗本には戸籍にあたるものがなく「家譜」があるだけだからです。旗本家では「丈夫届」を出すまで、子の出生を何年も届けない点を利用して、偽実子とする危険があったのです。なんとかバレずにすんだ人もあるでしょうが、生命がけの危険がありました。

ふつう旗本は、当主が大法に触れ追放以上の刑をうけると絶家になります。部屋住惣領が勤役中の遠島・死罪の処罰でも、隠居の犯罪行為の処分でも、当主が絶家になることはありません。せいぜい差控か御役御免の処分です。しかし『公用雑纂』所収の事例は、当主が遠島、隠居は死罪になるという重いケースです。その内実にはいろいろな問題が含まれていました。

事件の概要は次のようなものでした。

文政二年（一八一九）八月五日、旗本の隠居青木力蔵は、訪問してきた天守番士（御家人）山口幸十郎と口論となり、山口は抜刀し青木は近くの棒で支えたところ、山口の頭に一〇センチメートルほどの疵がつきました。なんとかその場はおさまり、小普請支配から上司（老中）に御伺したところ、九月一日に、

「御指図《おさしず》に不被及《およばれず》候間、得《とく》と可申談《もうしだんずべし》」

と、表沙汰にせず内々で話をつけるようにとの決が出ました。

小普請支配は組頭・世話取扱に命じ、三日に力蔵の養子青木和三郎ほか関係者七人を呼び出すほか、家族などに下調べをして、話を聞きました（不幸なことに山口幸十郎は青木力蔵から頭疵をうけた後に、老年のこともあり病死してしまいました）。

ところが、八月五日の事件の実状は、思ったよりも複雑でした。

ことの真相を箇条書きにしますと、

①力蔵養子和三郎（二百五十俵）の婿入についての土産金（持参金）の不足。

②和三郎は旗本矢部直次郎（百五十俵）の二男ではなく、御家人山口幸十郎の実子を矢部家の実子二男として割りこませていた。

③口論発生時には青木力蔵の親族たちも加わり、山口幸十郎は乱暴をうけていた。

こうしたことが、全部明らかになりました。

御家人山口幸十郎の倅がそのまま、旗本青木力蔵の養子になることは不可能です。それで旗本矢部家の「実子」としたのでしょう。もちろんそれは詐欺という不法行為であったため、青木家への土産金や矢部家への礼金もかさみ、金銭トラブルが起きたのだと思われます。

頼《たの》み親《おや》と直家督《じきかとく》

隠居青木力蔵は死罪、養子和三郎は遠島ときびしい処罰になりました。

その他親族は「御叱」の軽い処分ですが、青木家の女家族、祖母・母・妻・妹四人は、親族に預けられ一生のうち各五人扶持（年二十五俵）が扶助されました。絶家のばあい、無収入になる厄介に対して、このような措置がとられました。

『公用雑纂』には無役青木和三郎隠居力蔵の呼び出しにあたって、支配者である小普請組支配からの、詳細な手続き文書が記載され、今では珍しい記録となっています。

まず、呼び出された幕臣が出頭する際、評定所前の茶屋に、

「腰掛の敷物損料南鐐一片（二朱銀）を置くこと、評定所門番二人に一人金百疋（金一分）を回数が長引いても最高三回は与えるように」

とあります。心付けとはいえ幕府の役職者が幕臣にたいして、公務員である評定所門番

に金品を渡すことを差図するなど、近世の姿は今とはだいぶ違っているようです。

また、和三郎の小普請組の支配組頭（役料三百俵・手当二十人扶持）と同世話取扱（手当十人扶持）は、「戸籍」の偽りを見破れなかったとして十一月十日より十二月晦日まで「差控」という処分をこうむりました。この間は手当（毎月支給）・役料（年三回支給）の支給手続きはされず、差控御免後十二月・翌正月分の手続きがされます。十一月分は十月に受けとっています。

和三郎が遠島になるとき、親族よりの餞別は「銭一貫文・半紙一束」。和三郎の家財欠所で上納されたものは「直鎗一、古鉄鍋一、古椀五、古手桶一、古行燈一」と実に貧しい話でした。

和三郎は拝領屋敷地に建物がなく、下谷仲御徒町で御徒に借地と報告していました。実は御徒が貸家作を造り貸していたので、和三郎の届けは誤りで、本当は借宅とすべきと叱られています。当時は、意外に多くの人が借宅を借地と届けていたのかもしれません（旗本の住まいについては第八章参照）。

青木力蔵の一件は、『藤岡屋日記』（一）にも書かれています。そこには『公用雑纂』にはない乱行の噂が記されています。それは当時の社会実態をあらわし、幕府の公式記録にも表裏のあることが、興味ぶかいと思います。

「御家人山口幸十郎が、裕福な家（商家か）から実子を旗本家の養子にするよう頼まれた。そこで、知り合いの旗本矢部鉄太郎（『公用雑纂』は父の直次郎有方《ありかた》と誤るか。その子鉄太郎玄亭《はるとお》が正しい。『寛政譜』）を『頼《たの》み親』として、商家の子を矢部の実子として青木家に婿養子に送った。すぐに青木力蔵は隠居し、めでたく庶民の子が旗本の当主青木和三郎になった。そこで山口が持参金の残りの半分を持参したところ、力蔵は仲ヶ間《なかま》連中達と酒と博奕の最中、幸十郎を嬲《なぶ》り者にして疵付け、泉水に投げ込み、そのまま殺してしまった」

噂ではありますが、ここからわかることも多くあります。

まず「頼み親」について。

くりかえしになりますが、当時の旗本など武士層には今のような生後すぐに出生二週間内に届けをする習慣はありません。そしてたくさん子がつづいたら、弱い子は育たぬとして届けは出さないのです。そのため一生未届けの人や、自分の家の記録に載るだけの人もありました。

この、幕臣には出生届の必要がなく、実子があっても幕府に届けなかった盲点を悪用し、他人の子を、人に頼んで金で旗本の籍に入れてもらうことがありました。その籍に入れてくれた人を「頼み親」というわけです。また、天守番の御家人山口に、実子を旗本の養子にする資力があったか疑問です。

それから養子入即当主隠居・家督相続となっている点。

これは「直家督《じきかとく》」といって持参金が何割増かになるのです（第五章「熟縁の様子ござなく候」の項参照）。

川路聖謨・井上清直兄弟のばあい

御家人株を買った人、従来から御家人であった人も、旗本への昇進はよほど能力がないかぎり、ごく少数でした。

『柳営補任』でみるかぎり、重職者の相当数は、御家人からの昇進者ですが、幕府の幕末重職者で活躍する人はほんの一握りの人で、大勢の御家人のごく少数なのです。

旗本に直ちに採用される人は、幕末には増えます。たとえば蘭方の医師、蘭学者、新軍職、儒者は、三十人扶持（百五十俵）～二百俵くらいで、御家人ではなく当時の永久旗本の身分で入ります。しかしこれらは、ごく俊英の人です。

その時代より前の『寛政譜』の各家家譜をみましても、三河以来の由緒の御家でも、布衣・五位に進んだ人は、一人二人くらいで、全くない家も多くあります。反対に大名の御役家筋と同じく、代々の人が重職につく家や、三千石以上の寄合には重職に縁の深い家もありますが。

旗本の出世ルートである「両番士・大番士」からは、町奉行や勘定奉行に出世する人やそこまでゆかなくても御徒頭、小十人頭等の布衣職に上る人もありますが、両番・大番千六百人の大多数は、五十歳まで勤仕してもそのまま退番する人でした。このように、旗本・御家人よりの栄進は数少なかったと思えます。

次項に挙げます佐々木信濃守顕発は、御家人株を買った本人、そしてたいていのばあいは買った当人の出世です。しかし、幕末にその名も高い川路聖謨《かわじとしあきら》と井上清直の兄弟は、父・内藤吉兵衛が青雲の志をもって、日田郡代の手代（余収の多い役職）を辞し、在職中の貯えを持って江戸に出て、旧幕臣として市価より安く、御徒の新規召出の機会をつかんだことによる親子二代にわたる旗本昇進の壮挙と、筆者は解釈しています。

内藤吉兵衛は、年齢から自分の立身をあきらめ、子供たちに、「布衣以上の御役」を勤めることを託しました。この兄弟は自家の御徒より上位の御家人に養子入させており、珍しい型なので少し紹介します。

長男の左衛門尉聖謨は、譜代席九十俵三人扶持（百五俵）の川路家に見込まれて養子入をします。俊才で登用の資格を得て、支配勘定↓評定所留役（旗本）↓脇坂侯に評価され仙石騒動に取り組み→永久旗本→勘定組頭→勘定吟味役（布衣）で、父の念願を果たします。

あとは勘定奉行で加増をうけ家禄五百石と堂々たる旗本家となり、孫の太郎は小納戸に入りました。

次男井上信濃守清直は、持筒与力井上家に養子入します。家禄は現米八十石（蔵米で二百二十八俵二斗）ですが、抱入席から支配勘定の譜代席に格上した時に、家禄は百俵に減ります（自分一代は百二十八俵二斗は補足される）。家禄があるようになると、減禄となる措置によってです。

持筒与力→支配勘定→評定所留役（旗本）→勘定組頭（のち永久旗本・布衣）→勘定吟味役→下田奉行（家禄二百俵に加増）、以後外国奉行、軍艦奉行、町奉行と栄進して活躍し、旧来の旗本各人にも信頼される人物でした。町奉行になった文久二年（一八六二）には、兄のように家禄五百石に加増される優遇はなくなっていました。

三男内藤幸三郎由章は、父の御徒を継承しました。「切絵図」小日向中橋には広い屋敷地があります。兄たちのようには出世せず、譜代席の富士見宝蔵番・評定所番にすすみますが、御徒の職禄を家禄にされた七十俵五人扶持の御家人でした。それでも安政四年（一八五七）新潟奉行支払組頭（旗本）になりますが、あるいは兄たちの応援があったのかもしれません。その子為太郎は静岡に行き、相良勤番頭の支配下で二等勤番士（旗本）であった記録が残っています。

この三人兄弟は、父吉兵衛の念願のように三人とも旗本に昇進しましたが、なかなか珍しい家系と思います。

三十両から町奉行

「与力千両、御徒《おかち》五百両、同心二百両」

という俗語がありました。庶民から御家人株を買って、幕臣となる権利金です。町人の利殖として、職のない御家人譜代席や抱入席の同心の家で家禄三十俵二人扶持、お米で年収四十俵＝十四石＝金十四両（換算については第七章参照）では、権利金二百両の七パーセントの利回りとみていました。預金金利八パーセントくらいとすると高いかもしれません。

与力は米で年収八十石＝八十両、御徒は年収九十五俵＝三十三石二斗五升＝約三十三両、金利とすると六〜八パーセントで、俗語も利回りからみると意外にバランスがとれています。

一口に千両といっても、元文小判の流通した文化頃に対し、天保小判・安政小判となるにつれ純金量は少なくなり価値は下がります。不思議なことに小判の劣化ほど、玄米一石＝金一両のバランスはかわらないのですが。

いずれにしても文化より数十年後には、支払い元の徳川家はなくなり、小判も万延小判以降、昔の小判の何分の一に減価しますから、損得の判定もむずかしいようです。

大名・旗本からは血縁はなくとも、持参金（百俵単位で五十両、直家督は倍の百両が相場といいます）で養子入すれば、これは実質旗本株の売買ですが、御家人や庶民からは参加できません。もし手のこんだ違法をすると、犯罪となり処罰されます。

いっぽう御家人株の家禄のついた譜代席には養子入、職禄だけの一代抱でも番代として幕臣になれます。幕府も御咎《おとがめ》もせず、むしろ人材登用として、暗黙の形で門戸を開いていたといえます。

御家人株を求め、勘定奉行・町奉行にと異常に出世した人に、佐々木信濃守顕発という人がいます。川路聖謨によく似た経歴で、逸話が『藤岡屋日記』（四）に紹介してあり、当時の御家人株と周囲の旗本の殿様たちの生の声が知れます。筆者のこれまでの研究と武鑑類からその面を史料裏付けをして、とりまとめてみましょう。

I

佐々木顕発は通称脩輔。元治元年（一八六四）五十九歳ですから、生年は文化三年（一八〇六）と推定されます。

実父河野周助は飛騨郡代所の地役人でしたが、顕発は江戸に出て、奥右筆田中龍之助良顕の小川町の屋敷に、家来の侍として奉公していました。

某年（文政九年〔一八二六〕頃か）主人の龍之助が、正月の具足祝で家来たちに盃を与えて、この中に「出世を望んでいる者がおるか」と尋ねました。

末席から脩輔が、

「出世はしたいが、お金がないのでそれも望めません」

すると主人は、

「どのくらいの金で出世のつるが求められるか」

「三十両は必要です」

とのやりとりがあり、日頃眼鏡にかなっていたこともあり、さっそく三十両と衣服が与えられました。脩輔はその金で、目白台に住む一代抱の御徒の家に養子入して、文政九年（一八二六）十二月に御徒に抱入れられ、職禄七十俵五人扶持（九十五俵）を得ました。

その時の御徒頭は榊原隠岐守（文政十一年六月より）でした。

【付記】　脩輔の実家は飛驒郡代所地役人（元締手代）、上司榊原隠岐守の父小兵衛（家禄三百石）は、文化十二年三月まで飛驒郡代でした。田中家への侍奉公や御徒の株買いには、隠岐守（小納戸→小性頭取→徒頭）の尽力をうけたと推定されます。

有力者の協力があれば、五百両といわれる御徒の株が三十両で買えるともいえますが、実父は飛驒郡代の元締手代でしたから、ある程度の援助も加えられたともいえます。旗本の家来たちはその主人の協力で、市中の御家人株を相場よりも安い価格で買えたことは、当時の随筆・記録には出てきます。

最初の主人田中龍之助は家禄現米六十石（百七十一俵一斗五升）の旗本下位ですが、奥右筆になりその後は組頭となりますから、有能な人で奥右筆当時から付届も多く裕福だったはずです。

略歴を示します。

寛政七年（一七九五）家督、十七歳→享和二年（一八〇二）表右筆→文化三年（一八〇六）奥右筆→文化十一年（一八一四）本所石原より小石川御門に移居→文政三年（一八二〇）小川町（五百三十坪）に移居→天保三年（一八三二）奥右筆組頭（布衣）→天保六年（一八三五）二丸留守居→天保十一年（一八四〇）納戸頭→天保十二年（一八

四二）簾中用人↓弘化二年（一八四五）死去、六十七歳。奥右筆からは田中家級では破格の出世で、住居も裕福になるのに応じて本所から小川町に向上します。

Ⅱ

佐々木脩輔は御徒から天保二年（一八三一）、家禄のある御家人高位の支配勘定に移り順調に出世します。

勘定評定所留役（旗本となる。天保五年〔一八三四〕）↓勘定組頭（永久旗本・天保十三年〔一八四二〕）↓勘定吟味役（布衣・家禄九十五俵より百俵・天保十四年〔一八四三〕）↓奈良奉行（信濃守家禄二百俵・嘉永四年〔一八五一〕）↓大坂町奉行（嘉永五年〔一八五二〕）↓小普請奉行（安政四年〔一八五七〕）↓勘定奉行（安政五年〔一八五八〕）↓御咎差控（安政六年〔一八五九〕井伊直弼に抗したため）↓徒頭（格下登用・文久二年〔一八六二〕）↓作事奉行↓町奉行↓西丸留守居↓町奉行↓外国奉行↓御役御免寄合（いずれも元治元年〔一八六四〕）

【付記】川路より少し後の時代に勘定奉行・町奉行になりますが、家禄五百石の加増の内規がなくなり、家禄二百俵のままでした。家禄より高い御役につくと家禄と職禄の差額は足高で支給されますが、御徒からは希有の出世でよほどの能力があったのでしょう。

III

その脩輔（信濃守）も、御役替りのつど旧主田中龍之助の屋敷を訪ねるときは、門のくぐり戸から入り、勝手より建物に上ったといいます。私用で伺うので「開門・玄関上り」はなく、旧家来の扱いにしてくださいと申していたとあります。勘定吟味役になったときは、駕籠で来ましたが、「御客」と触れられても、くぐりから勝手に上りました。田中の奥方が「御客」とあるから「誰かと思ったら脩輔か」といったそうです。

嘉永四年、奈良奉行になり田中家を訪問したところ、先主は弘化二年に死去しており、子息の小納戸田中唯一に会い、

「殿様がご存命なら、五位諸大夫になった出世をご覧になられたら、さぞお悦びいただけたはず、これればかりは残念です」

と申しあげたといいます。

現米六十石でも旧い旗本家で出世もした当主が、飛驒の地役人の倅で自家の家来だった男の出世をよろこぶ逸話は、旧旗本と御家人株の出世頭の関係をみる好史料です。自分の

意にかなった者にせよ、能力のある者の出世は当然とみていたのでしょう。

同じく榊原家にも出世するたびに、田中家とともに訪ね御礼を申し述べていました。榊原隠岐守は、御徒頭↓先手鉄炮頭（天保十五年〔一八四四〕）↓鎗奉行（嘉永四年〔一八五一〕）↓卒去（嘉永七年〔一八五四〕）となります。

御徒頭の時、脩輔を見込んで、勘定の方に回してくれた恩人ですが、先手鉄炮頭の在職中、おそらく奈良奉行になった頃に、脩輔が報告に参りました時、隠岐守は、

「佐々木脩輔はおれより上を超えたり」

と悦んだとのことです。

旗本旧家の榊原氏も、自分が見込んで引き立てたにせよ、御家人株上がりの出世頭にも温かい心持ちの殿様でありました。幕府後期、御家人層より出世してくる者を、旧旗本家の人がいびって騒動がおきた話は聞きません。考えておきたいことです。

第五章　旗本はつらいよ

婿養子に入るまで

ここでは、少し複雑ですが『旗本三島政養日記』から、婿養子の必要性のある家庭事情と、結婚までを述べてみます。

三島家（『寛政譜』九―三三二）は、古くより徳川家に勤仕し、幕初は三百石、元禄十年（一六九七）に千三百石の家禄となった、中堅旗本家でした。この間には血縁者で大奥老女となった、小山の後援もありました。

宝暦九年（一七五九）に家督の但馬守政春《まさはる》は、普請奉行まで出世をし、惣領能登守政備《まさとも》は、部屋住より家斉公御伽・御小性・御小納戸を勤め、これが家運の頂点でした。

寛政六年（一七九四）六月、政備は家斉公の御意に応ぜず、免職され布衣以上の寄合でなく小普請入差控《さしひかえ》となりました。そのまま部屋住として前職基本切米三百俵を給されていたものの、間もなく父政春は切米返上し、廃嫡とされました。御前の首尾が悪く退職させられた部屋住には避けられない運命です。

政備には男子が二人ありました。この二人は父廃嫡とともに三島姓を山鹿姓にあらため、幕末まで三島家厄介となります。

政備の弟である長恭は、池田吉十郎として九百石の家に養子入し、別項の松平外記刃傷（第六章参照）でお咎めをうけ五百石に減禄になった人です。

けっきょくその弟政先《まさかつ》が惣領となり、享和三年（一八〇三）家督、次は倅の政堅が継ぎますが、山鹿二家は厄介として存在していました。

政堅には男子がなく、後継者に庶出の女子一人がありましたが、正室の井戸氏は姪（非血統者）を養女にして婿養子をと考えていました。山鹿の二人は相続人からははずれます。

運わるく政堅は弘化二年（一八四五）三月に酒気を帯び、こともあろうに老中阿部正弘の行列の供先に無礼をなしてしまいました。これにより書院番を御番御免、小普請入差控の処罰を受けています。二ヵ月くらいで差控御赦《おゆるし》となっていますがこの前科が、婿養子入交渉の障害になりました。

政堅は婿養子の人選は、良家にして重職者の厄介からとし、御側衆である夏目左近将監信明《のぶはる》の二男芳明（二柳姓を称す）に的をしぼります。嫁が庶出の女子なのか妻の姪なのかは、未定のままにしておりました。

夏目家は三河以来の旧家で、左近将監信明は天保九年（一八三八）に小性頭取より御側衆に栄進、家禄二千石に加増、御側御用取次の重職にありました。子の政養（一柳芳明）は文政二年（一八一九）生で、文武諸芸の稽古をつみ、相応の家の養子として、旗本当主となるべき人でした。

弘化三年（一八四六）八月、三島家より夏目家に養子縁組を申し入れましたが、信明の同役御側衆一同に相談の結果破談になりました。御赦にはなっていましたが、前年の政堅の書院番御免差控の処罰がひびいたのでしょう。

翌弘化四年（一八四七）八月、あきらめきれない政堅は、再度夏目家に強くお願いをします。その際に政堅は、

「お咎めからの遠慮は十五年《ママ》（十五ヵ月か意味不明・『諸事留』にはもっと重い家格の旧状回復は二十年が一応のめどとします）に及ぶとされていますが、他家よりの婿養子は考えていませんので、心当《こころあ》て養子にしておきたい」

と説明しています。

ここで一応夏目家の了承をうけ、両敬《りょうけい》（親類付合で、双方の家臣が自分の主君に「様《さま》」付けをして信書交換する関係）の取りはからいもしました。

あとは正式な手続きをして政養の移居を待つばかりのところ、政堅が弘化五年（嘉永元

年、一八四八）三月七日に急逝し、相続者不在となってしまいました。

すでに読者ご承知のように、当時の慣習では死去をすぐ届けず本人がいまだ存命の形にしますが、内実は浅草浄念寺に内葬してしまい、次の手続きに入りました。のち七月二十五日に死去の手続きをする時には、政堅が生きて布団にいるかたちにして、屏風をめぐらして判元見届にきた小普請組支配組頭の前で芝居が演じられたはずです。

まだ正式の縁組みの手続きをしていないので、表向は「急婿養子」で周囲の話し合いとなります。御側衆同役は「急婿養子」なら、将軍家にお伺をたてる（御側衆だから）のはさしつかえないと、夏目家の方は話が進みます。ところが三島家には、廃嫡となった人の男子二人の厄介がいます。血縁者と三島家用人の双方から相続に異見が出て、正式に婿養子の手続きをするのは、三ヵ月遅れの六月になってしまいました。

「小糠三合」どころではない

夏目家より政養が婿養子に入るまでには、いろいろ取り決めが必要でした。
婿養子入前の取り決めは以下の六条件。

①配偶者は、政堅庶出女子の機女とする。
②後室（政堅夫人）の姪に、養女にしないことの手当五十両。
③後室本人には、土産品代として百両。
④政堅の本葬諸費用五十両。
⑤相続時の諸費用百両。
⑥山鹿家兄弟の邸内住居新築代百両を支給。

合計四百両は、懇請された側の夏目家よりの土産金です。御側衆夏目家では何でもない金額でしょうが、筆者としてはこの養子入に土産金が必要なのは意外に感じます。

次に今後、三島家千三百石の収納（収納については第七章参照。このばあい約五百石か）の配分取り決めです。厄介二家がありますので、なおさらはっきりした合意が必要でした。

⑦後室の賄料に一年三十五両、化粧衣服代として一年二十一両（米にして約五十六石）。

⑧山鹿姓男子（厄介）の各々に、合力金として一年三十五両、食料として白米五人扶持（玄米を白米に搗いて渡すと考えます。米にして八十八石）。

合計米で百四十四石、三島家は収納五百石余から差し引くと、三百五十六石余で家禄千石の暮らしになりました。

厄介の山鹿家はおおよそ百俵五人扶持と、少禄旗本級のまずまずの処遇と思います。後室の手当は、手厚いものでしょう。

以下の日程は次のようになります。

七月二十五日　判元見届

二十六日　急婿養子願出

二十七日　婚姻、のち政堅の卒去御届

二十八日　服忌御届

八月四日　政堅初七日

政養の引き移りは七月二十五日に行い、政養から夫人に「結納金」を納めます。

三島家より政養への引出物は次のとおりです。

大刀一腰　大小一腰　麻上下一具　染帷子一対　上下一具

小田原大久保家のばあい

幕末ですが、小田原大久保家に、さまざまのことが絡む養子入がありました（以下紹介する内容は『藤岡屋日記』（九）と、自稿『大名自歴書』〔仮題未刊〕で確認したものです）。

安政六年（一八五九）十一月晦日（実際は九月十八日）、小田原侯大久保忠愨《ただなお》が死去しました。三十一歳（公年三十四歳）で跡取りがなく、正室島津氏の実家に、家老の近藤外記が次のような相談をしました。

「井伊大老の公用人大久保権内は分家であり、その者の話では、高松侯松平頼恕《よりひろ》の男準之助（忠礼《ただのり》）がおられると教えられました」

さっそく島津家より、近親の家定公の御台所、天璋院におうかがいしたところ、ご承知いただきました。十月にも忠礼を邸に御移しすることに準備をして、分家大久保

甚左衛門・権右衛門に連絡をしたところ、

「当方にも大久保の血統の男子がいる、本家相続については、親類中へ事前にお話があるべきだ。決めたあとで知らせるのは、家老どもの手落ち」

と、きびしく追及され、忠礼の引き移りも先延ばしになりました。その他の分家四家の人びとにも「事後通告は手落ち」と詰問され、けっきょく十一月十六日に家老近藤外記・年寄渡辺武大夫を罷免、在所送りとする処置で決着しました。

この養子入で高松松平家よりの持参金は三千両、仕度その他合計一万両もかかった由です。

このように分家の多い家でも、血統重視が優位というわけではないのです。経済的要因を重視しての他人養子を主張する家臣もいるわけです。

親藩である高松松平家よりの養子は持参金が期待できますし、大老井伊直弼との関係もよくなります。

高松松平家は、持参金三千両を含め一万両も要したとありますが、持参金以外の諸費用の七千両は何に使われたのでしょうか？

当時の大名家家譜の縁組みの記事を見ると次のような経費項目が目につきます。

・道具
・住居の新築改修
・小遣
・御賄費（生活費）の補助分
・関係各家への挨拶付届の諸費用

大名より旗本への縁組みにも、同様な費用負担がありました。大名より旗本への養子入先には、千石前後の家もあります。大名家からすれば、分家させることもなかなかできず、家臣並にしても家中のバランスや俸禄も必要ですから、相手が少し低禄な旗本が相手でも文句はありません。

珍しい例として、幕末に山陵奉行で大名になった戸田忠至《ただゆき》があります。宇都宮の戸田家の厄介だった忠至は、若い時分に幕府の大番与力（御家人）木村家の養子になり、後離縁し宇都宮戸田家の家臣に戻り、ついには大名にまでなりました。

嫁入り費用の捻出法

『江戸書状』（関西大学出版部刊、三冊）は、旗本用人と知行地との、経済を主にした交換文書です。期間は天保七年（一八三六）〜明治元年（一八六八）の三十年にわたります。ここに旗本鈴木家（『寛政譜』一八―三六）の記録が載っています。

鈴木家は、延宝五年（一六七七）に本家より摂津の二百石を分知、のち蔵米百俵を加えた家禄三百石の大番筋旗本です。知行地二百石とはいえ、多い年は百数十石の収納（実質では知行三百石を超えます）がありました。

地元の百姓との間のやりとりの記録から、甥の養子入りと娘二人の嫁入りの実状が明らかになります。

【甥の婿養子入り】

嘉永元年（一八四八）、当主鈴木清左衛門の厄介（甥）の造酒之助《みきのすけ》が養子に行くことになりました。当時は百五十俵の家には百五十両の持参金、「直家督」なら二百両が相場となっていましたが、幸い五百石の根岸家に二百五十両で養子に行くことになりました。

【長女の嫁入り】

嘉永五年（一八五二）三月二十六日に、長女は旗本岡田助次郎（二百石）惣領岡田鎗之助に嫁入りしました。

先年、甥の造酒之助婿養子入の費用で、知行所には莫大な負担をさせたので、娘の件では頼めません。長女ですから同高三百石以上の家に縁組みさせるべきですが、美濃に知行地のある二百石の岡田家に決めました。

御片附金（持参金）の準備の前に、邸の手入れをしたくても資金の持ちあわせがない状態でした。幸いにも前に話のあった屋敷売却が急にととのい、今の市谷浄瑠璃坂の屋敷（千二十一坪あって三百石の鈴木家にしては広い土地）を、紀伊家付家老水野家に売却しました。そして水野家の世話で、牛込逢坂の伊藤観助（百五十俵か）の屋敷（四百五十坪）を入手し、差金を嫁入り費用と逢坂の屋敷の改修に充てました（こうしたやりかたを相対替《あいたいがえ》といいます）。

長女の持参金の額は記載されませんが、岡田家は内福の様子だったので何よりとあります。

【二女の嫁入り】

安政元年（一八五四）壬《みずのえ》、七月十一日の江戸よりの書状に、二女のおみ代の縁談の世話をする人がありますが、鈴木家として費用を知行所に負担させることはできないとあり、縁談を断っていたことがわかります。

そこに持参金（土産金）は望まず、木綿の夫婦夜具と二人の膳椀だけでよいという家がありました。家禄は三百三十六俵の御家です（家名の記述はないが禄高より山本金次郎家と思われます。同じ牛込逢坂に住居）。

家族は、母・弟・姉の四人で、ふつう御土産金は三十両が当然なのですが、先方は申入もないよい御縁でした。けっきょく御土産金十五両として、十両は嫁入り時、五両は明年夏とし、その他費用十両、計二十五両を知行所に頼み、十両か十五両を早々に送ってくれるようにと条件をつけました。知行所より十両を即納し、残り十五両は十一月に送金で落着しました。

近世の武家は貧しく強欲と思われがちで、悪い話は強く出ますが、これらは二百石でも内福、三百三十六俵で無欲という話です。

熟縁の様子ござなく候

『寛政譜』には、男女とも「離縁す」との文言がよく出てきます。女には「すてらる、又すてらる」の差別表現もあります。同書には厄介でも男は通称・諱があるのに対し、女は当主の配偶者の項に誰々の女と詳記されますが、系譜上嫁にゆく女は単に女として、名前の記載がありません。これも差別といえましょう。

離縁後は再縁することもあり、または実家に戻ったままのこともあります。

当時の制度上では当主の重みが格別であり、また昔の老人には頑固な人も多く、養子や嫁が気に入らないと、たとえきちんと手続きをして養子（嫁取り）の縁組みをしても、「養父の心に応不申《おうじもうさず》、終始熟縁《じゆくえん》の様子無御座《ござなく》候《そうろう》に付、一類共相談（または熟談）の上離縁」の文言で離縁がたくさんありました。その際は持参金ほかすべてを必ず返却する必要がありますので大変です。相続をあてにした養子のほうは、持参金を割り増して「直家督」と、短期に隠居することを条件にして防御策を講ずるわけです。

離縁に際しては、双方で「熟談の上」として、支配（頭）に届けます。

『江戸幕府代官竹垣直清日記』にはこんな例があります。

文化十三年（一八一六）七月、旗本久津見又助（六百石）が死去し、子がなく弟左京と次弟大三郎のどちらかを養子にして家督相続するべく、親類一同が相談しておりました。通常なら弟左京の順です。しかし左京は以前某家に養子入し、今は離縁となり実家に戻って間もない状態でした。

相談の席上、離縁から十ヵ月たたないと実家の相続ができない規定があることが説明され、左京も納得の上、次弟大三郎が養子となりました。左京はどんな気持ちだったでしょうか。

惣しての養子事こそ大事なれ
親類よりて談合にせよ　（『番衆狂歌』）

もう一つ別の例も挙げましょう（『公用雑纂』）。

寛政十二年（一八〇〇）五月、御使番石河《いしこ》甚太郎（二千七百石）は、同十年（一七九八）十二月に婿養子入した御使番坂本小大夫（千七百二石）二男銀之丞を、自分の心底に応ぜず双方熟談の上離縁し、実家に戻しました。届けは同役榊原左衛門より若年寄月番の京極備前守に申請、六月三日に受理されました。

この養子中十七ヵ月の間に石河甚太郎に二男（婿養子があるので二男）藤次郎が寛政十一年（一七九九）四月二十六日に生まれ、つづいて三男金之助が同十二年六月十四日に生まれました。

甚太郎も五十歳になるので、内々にどちらかを惣領（相続者）にと調べましたところ、二男藤次郎は養子銀之丞在籍中の出生から不適との話もうけました。十月二十日、若年寄月番の井伊兵部少輔に口上書《こうじょう》を提出し受理されました。正式には御使番病辞の後に寄合になった十二月二十三日に、寄合の松下信濃守から、若年寄月番立花出雲守に提出されました。

この話は、文中に「銀之丞は婿養子は許可になったものの、正式には移居せず未婚姻」とあります。この婿養子許可の寛政十年十二月には、同十一年四月に生まれた藤次郎の妊娠を知り、未婚のまま銀之丞の離縁をおこなったのかもしれません。

嫁離縁ではこんな例があります。

文化四年（一八〇七）七月二十四日、寄合筑紫主水《もんど》（三千石）の惣領右近は、御目付永井靭負《ゆきえ》（千石）の娘と縁組みしました。その後男子四人女子一人が出生し、男子一名だけ成長します。

文政九年（一八二六）三月二十四日、父筑紫佐渡守より、「不縁に付此度双方熟談之上」男子は筑紫右近の手許に置き離縁としました。届は同役西丸新番頭設楽《しだら》甚三郎より、西丸若年寄森川内膳正《ないぜんのかみ》に提出しました。子を五人も儲け、十九年も経ての不縁の理由はわかりません。

石河、筑紫の二件とも御使番・新番頭と布衣以上の人は、若年寄への届の提出に際して、同役の人に手続きをしてもらうことが知れます。

行跡よろしからず

行跡不宜《よろしからず》とは、単に放蕩だけでなく、女色・飲酒・博奕・金銭・詐欺・盗・刃傷など世間一般の犯罪のことです。また、家事不取締とは、同族との間や家族中の騒動・家計不良で領民への取立苛酷の争などで、幕府より処罰される時に用いられます。

以下の数項で、由緒ある旗本の犯罪事例を挙げてみます。『藤岡屋日記』『宝暦現来集』『巷街贅説』など、市中の話をみますと、いずれも実在の事件ですが、松平外記刃傷事件（第六章「書院番士のいじめ」の項参照）のような詳細はありません。旗本家の処罰事ですから、あまり関心がないのでしょうか、意外に簡単な記事でした。

あくまで巷間の話の記録ですが、その内容は当時の旗本家の観察には貴重なものと思い、若干事実と対比し、筆者の見解を付け加えてみます。

まずは江戸時代の中頃、元禄時代の話から。

高家六角《ろっかく》越前守広治《ひろはる》（家禄二千石）は、綱吉将軍の母桂昌院の姉の血縁で、公家烏丸家の系とされています。綱吉の引き立てで元禄二年（一六八九）に高家に新しく列しますが、「元禄九年七月十日、つねに行跡よろしからず、しかのみならずゆかりなき列侯（大名）に出入せしにより、御気色をかうぶり（御機嫌を損じ）」（『寛政譜』）とのかどで免職逼塞《ひっそく》となります。翌年には隠居そのまま蟄居《ちっきょ》で処罰は赦されません。

これは広治の吉原通いが原因でした。とても二千石の家禄では続きません。そこで高家の職を利用して諸大名から賄賂を取っていたといいます。この不行跡が表沙汰となったわけです。「ゆかりなき列侯に出入」とはそのことを指しています。

幸いなことにその後、六角家は高家定員二十六家の中に残れ、何人も奥《おく》高家（高家職・それ以外は無役の表《おもて》高家に列する）を出して幕末まで続きます。

もう一例、これは幕末の嘉永年間の話。

皆川家は下野の旧豪族で、徳川家に臣従し、松平忠輝の付家老で七万五千石を領しました。忠輝改易後一万三千石の大名（のち無嗣絶家）の分家として五千石の旗本に残りました。

嘉永五年（一八五二）四月三日、皆川遠江守庸明は、

「其方儀、行跡不宜、不慎《つつしまざる》に付、御小性御免、知行之内二千石被召上《めしあげられ》、閉門被仰付《おおせつけらる》」

とされ現職小性を罷免、閉門となりました。行跡よろしからずの実状は『藤岡屋日記』に説明があります。

三月二十五日から二十九日に、さらに四月二日の駒場野追鳥御成に無断欠席をしました。庸明は父森之助（文政九年～天保十三年中川御番出役している）から家督をゆずられ寄合にありましたが、弓の上覧時、弓勢がよいと家慶公の御目にとまり、寄合からは珍しく小納戸に召し出され、つづいて小性となり従五位下上総介となり勤仕していました。

元々自邸では短気で女中たちに傷を付けた過去もありました。用人で忠臣の園田悠輔が他出ごとに付添って事件は起りませんでしたが、悠輔死去後は諫言する家臣もなく、わがまま一杯となり下城後には鳶職のような姿となり、ますます放蕩者になりました。邸には常に芸者・太鼓持・芝居者が入りびたり吉原通いをしていました。

将軍御成の行事では同僚もかばいきれません。当時の無断欠勤には、今とは比較にならない重い処罰があり、免職と二千石減知三千石となりました。いたって派手な生活は人の口にも立ち、当然な結果だと思います。

五千石寄合の旗本は、問題がなければ裕福のはずで、勝手不如意の説明もないので、吉原通いもできたかもしれません。また忠臣園田悠輔がいたということは、譜代の家臣が複数おり、大名並の家中法度や老臣を各家と同じく持っていたと思われます。

また『藤岡屋日記』には、

「庸明は当初上総介を称していましたが、家斉公女末姫の嫁ぎ先松平（浅野）慶熾が殿上元服に、上総介を称したことに遠慮して遠江守と改称した」

と、珍しい遠慮改称を示しています。あわせて「所領地が遠江にかかわらず、遠江守への改称御免になり国主同前（旗本中にも何件か実例あり）」と日記の筆者の知識の深さを感じさせます。

北条家の減禄

北条新蔵家は小田原北条の血縁の一族で、早くから徳川家に臣従、本家掛川城三万石は無嗣絶家しましたが、当家は家禄三千四百石として、幕府重職に就きました。

二代正房《まさふさ》は寛文江戸大絵図作製。
三代氏平《うじひら》は町奉行。
四代氏英《うじひで》は大目付。
七代氏興《うじおき》は御側衆。

と、高級旗本の名門です。ところが十代氏和のとき、御咎、減禄、甲府流しと不幸が重なります。以下、高橋実氏の研究（『幕末維新期の政治社会構造』岩田書院刊）に拠りながら、氏和を軸にして事態を年表風にまとめてみます。

文政元年（一八一八）

氏和生まれる

天保十一年（一八四〇）八月四日

二十三歳　父の第九代氏珍が隠居につき家督

天保十三年（一八四二）十一月二十五日

二十五歳　家事不取締に付差控

天保十四年（一八四三）五月四日

二十六歳　家事不取締不束《ふつつか》に付逼塞、知行地村替（遠江より常陸、家禄は同、実収減少）

父氏珍も「如何之趣相聞、不埒之至に候、依之逼塞」

（註：後日氏和は使番先手頭につくので、主として隠居氏珍の乱費により、徴税苛酷による領内百姓の提訴と思われます）

嘉永三年（一八五〇）一月十一日

三十三歳　御使番（三千石以上寄合からは珍しい）。十一ヵ月後（十二月十六日）に辞任

嘉永六年（一八五三）六月二十六日
三十六歳　先手頭
嘉永七年（一八五四）四月二十七日
三十七歳　病に付辞寄合（御咎事前に自己退職）
　七月四日行跡不宜、家事不取締之趣相聞候、先年も御咎被仰付候処、慎方《つつしみかた》等閑《なおざり》之段、重々不束之至、依之知行之内二千石被召上、小普請入逼塞（千四百石に減知、寄合から小普請に変更）
文久元年（一八六一）
四十四歳　甲府勝手小普請（甲府流し）
慶応三年（一八六七）八月六日
五十歳　甲府勝手小普請中、知行所甲府御蔵へ引替となる（知行地取立苛酷につき直訴あり変更）

珍しいお咎めの連発で、最後には甲府流しになりますが、詳細が入手できません。天保十三、十四年の差控、逼塞、知行地村替の件は、理由が記事のなかにありません。

嘉永七年の減禄の理由については『藤岡屋日記』にある噂が記されています。

先手頭の自己退職は、病気によるものではなく不始末を内々の沙汰に留めるための自発

的な願い出であり、その不始末とは、

「妹が淫婦で按摩取や医師と密通し、北条家も探し出して座敷牢に入れたが、按摩取との金銭問題で御役人方に駕籠訴した」

「氏和の養方姉《ママ》は、本所の検校より三百両の支度金をうけ先方に嫁いだが、間もなく家に帰りそのまま戻らなかった。支度金も返さず掛合《かけあい》（交渉）もせず、先方は老中に駕籠訴し、若年寄（寄合支配者）には本所相生都《あいおいいち》という座頭が訴え出た」

などというものでした。いずれにせよ内々にはできない騒ぎになりました。


高橋実氏の研究によれば真相はこうです。

隠居氏珍の乱費により北条家の家計は逼迫します。さらに妹の不始末と費用増により、領主の家計の赤字は苛酷な徴税となって領民にはね返り、その許容範囲を超して争いのタネとなります。


北条家への貸し主である金主から、会計を担当する用人が送られてきますが、借り主の北条家と対立し次々と用人がかわります。ついに用人の妻が老中に駕籠訴し、二千石の減禄という最悪の結果に追い込まれます。

そのうえ高禄にも拘らず甲府流しとなりますが、もとより二千石減の千四百石では家計はますます成り立たなくなり、さらなる苛酷な徴税は、ついには寝具まで取り込むようなものと化します。

農民は老中、勘定奉行、甲府勤番支配に訴え、慶応三年という幕府の最末期に、「常陸知行地を北条家と切離し、甲府在住中は蔵米支給」にかわります。知行地が収納不良の時には、役職勤役中に限って蔵米支給を許しますが、これは恩恵としてであり、これはよほどのことです。幕府が農民の騒動に体制の危険を感じた結果といえましょう。

北条家の天保からの推移は、家計不如意とはいえ旗本家の実態をしめした好例となりました。

葵の紋服で吉原通い

小笠原家は信濃の豪族で、中世には京の足利将軍家に出仕もし、礼式の家として著名です。礼式の本家は小倉侯といわれますが、じつは小笠原家の本宗はどの家か、礼式もどこが家元か不明なのです。

近世には弓術関係の家が二家ありました。幕末軍制では弓が採用されず衰微しますが、それ以前は重要な武術として、多勢の弟子を持ち裕福な家であったといいます。旗本田沢家（両番筋）の御番入の諸届の中には「騎射《きしゃ》・帯佩《たいはい》稽古有無書付」の項があります（田沢昌成氏所蔵）。

ここに取りあげる小笠原官次郎家（または縫殿助《ぬいのすけ》家、七百八十五石）は、弓の射礼（帯佩）の家で、別の平兵衛家（五百石）は騎射の家でした。両家とも武術礼典の家元で裕福ですが、官次郎家はいくつかの市中の話題をおこします。

官次郎家の御咎は、文化十三年（一八一六）と嘉永度の二件が『藤岡屋日記』に記載されますが、同書の天保中頃以前の記事は各書からの引用です。文化十三年の記事は、蜀山人の『半日閑話』から何件か転用したものの一つです。

文化・嘉永の二件は実在の人物について書かれたものですが、調べると不審な面もあります。いちおう紹介のうえ筆者のコメントを付すことにします。

文化十三年七月中、小笠原官次郎（両番）横地源左衛門（四百俵大番）水野甚五兵衛（甚五左衛門、九百石、両番）は、御番御免　小普請入　差控（『半日閑話』）

小笠原官次郎は父持令《もちとし》の名、文化十三年は養子縫殿助持暠（文化元年［一八〇四］十二月五日父卒後家督）で、通称が違います。持暠はその後天保十三年（一八四二）書院番士から徒頭、のち先手頭に昇進します。一度御番御免の人が、弓射礼師範といえど帰番し、布衣役に昇進したことに疑問があります。

この御咎の理由に三説あります。

A．持暠が実家松平家（深溝四千五百石）にあった時、家臣の娘と密通し、その家臣の流浪後、娘は吉原に出て「なれ染」となっている時に持嵩と再会し、それを機に通いつめ遊興が過ぎるとし頭より引込《ひきこみ》（病気としてか）させられる。五月の吉原大火に際しなれ染は、持嵩の邸に来り、横地・水野とともに吉原引渡を拒み、市中の評判になった。

B．火事の節、持嵩は無刀にて出歩き、大沢忠次郎（九百石、小性組）の公用見廻に見つかり、帰邸後支配の頭まで報告される。大沢は横地に射礼の際の大役をうばわれ、それに持嵩がかかわったためという。

C．まったく別の話として、持嵩はなれ染を三百両で身請けし、半金百五十両を払ったが、そのなかに大判金があった。吉原より両替屋に持参したところ、吉原に大判金が出ることが不審とした両替屋から「横地・水野は身請金調達として、持嵩の弟子たちから一人当り金二分（〇・五両）の徴収をしていたことが判明したと」との報告があった。

蜀山人は、いろいろ巷説多し、これら（A・B・C）はまず実説のようなので大概を記したと述べています。

いずれも吉原がからむ遊興からですが、筆者はCの話が無理がないように思えます。大判金は武家の通貨で、市中に出ても両替商から大判座に届け回収されます。持高は射礼の家として、儀式ごとに将軍より金何枚（大判）をいただきますので、弟子たちの集金不足を軽率に手持の大判金を額面十両に換算混入したと思えます。当時大判金は小判で二十両以上が相場でした。Ｂの特役任命争いは、次章の松平外記刃傷と同じ原因でよくある事例です。

嘉永の話は、『藤岡屋日記』（十三）慶応二年三月頃の項に入っています。当時子供芝居で葵紋服着用が事件となったことに関連し付記されました。嘉永五年度の項には出ていません。

　嘉永末年（七年）の頃、小川町裏猿楽町高八百石騎射《ママ》の家小笠原縫殿助（嘉永五年、二丸留守居辞）は、旗本三人で新吉原に遊興に行った（前の話に似ています）。連れの二人は内福で祝儀もはずみ大もて、縫殿助は財布の乏しきを残念に思い、着用していた葵紋服を遺した。のちその花魁は葵紋服を着用して、中の町を廻り大評判となり、縫殿助は押込隠居となった。のちに御使番を勤めた鐘次郎（文久三年御使番）はその倅である。

当時、葵紋服は拝領品で、当人と直系者は殿中でも着用できますが、家族親族には使用させない、やかましいものでした。その葵紋服を着用しての吉原行きは、夜分としても無理な話かと思います。挟箱に入れて置いても、吉原に従者が挟箱を持ってゆくとも思えません。

縫殿助が騎射の家としてありますが、元々は射礼の家、それに騎射の平兵衛家は表猿楽町で縫殿助は裏猿楽町です。しかも幕末には騎射も縫殿助家に統合されたと聞きますので、家業・人命・住居が混乱しています。おそらく騎射の縫殿助の家の話だと思います。

現代の時代小説の話ではなく、当時の市中の流布話にも分析すると、不合理なことが含まれます。幕末は史料豊富のようですが、それでも探す事件の記事が見あたらぬこともあり、あってもその説明にも疑問の箇所が出てきます。当時の史料は『よしの冊子』も含めてむずかしいものです。

家事不取締・行跡不宜の御咎が、目立ってふえる原因は、主に士気低下と経済問題にあるといえます。

戦国から間もない幕初の生活水準は、質素なものでしたが、天下泰平の時代と共に漸次向上し、元禄期には贅沢化が定着しました。元禄の品位低下の貨幣改鋳で、インフレとなりますが、旗本にとっては収入の米が高く売れて、生活を楽しむようになります。

再び高品位貨幣に戻すと、流通通貨の縮小からデフレとなりました。米価は下がり、旗本は生活水準を下げないかぎり、借金生活に入ってしまいます。一定の米の収入しかない旗本に、売価安と借金の金利が加われば、年ごとに経済が悪化するのは当然です。

田沼、水野、大御所時代と、士気は日に日に衰え、収入はふえず、生活は派手に金がかかります。かくして旗本の風紀は緩んでいったのでした。

第六章　旗本の生活は退屈か？

登城は馬？　それとも駕籠？

江戸城の年中行事や、御殿の平面図は『徳川礼典録』や『図解・江戸城をよむ』（深井雅海著、いずれも原書房刊）でおおよそのことはわかります。しかし近世当時は、幕府制度の解説書の公開は許されておりませんでした。せいぜいで写本や非公式少数の木版本でした。

幕府の制度・行事は吉宗の代に、それまでの百余年の蓄積が整備されました。その後しだいに華美になりますが、幕末まで同じ型が続くといっていいでしょう。

寛保期（一七四〇年代はじめ）に『柳営秘鑑』やそれを引き継いだ『官中秘策』（対馬藩士西山氏）、文化ごろ（一八〇〇～一〇年代はじめ）に『要筐弁志』と柳営制度の諸書があらわされます。さらに軽便な懐中入の木版本に『柳営事略』（元勘定奉行中川飛驒守忠英の著）、『武家擥要《らんよう》』等々が出て、『大概順』とともに勤役者に愛用されます。

江戸城本丸御殿の広さは、表御殿（行事政治の建物）・中奥御殿（将軍の私生活の建物）が、京間で四千六百八十八坪、大奥御殿（女中方の建物）が六千三百十八坪です（弘化度［一八四〇年代後半］）。大名・旗本・諸役人の出入する表・中奥でも、表坊主衆・玄関番などに懇意な人物を持たないと、迷子になるだけでなく身分以上の部屋に紛れこみ、御家の大事になるほどでした。

殿中絵図は厳秘品と思いがちですが、なにごとにも表向きの話と内実の話とがあり、大名家や高級旗本の家は、表御殿や表中奥の殿中部屋配置の見取図を持っていました。筆者の蔵本（旧三田村鳶魚翁蔵本）のなかに、精粗数種の御殿図があることで推定がつきます。

ところで幕臣の一日はどのようなものだったのでしょうか。

何時起床、朝食は何を食べてなどということは、大名のばあいは記録が活字にされていますが旗本についてはさすがに分かりません。しかし出勤するあたりからは様子が少し見えてきます。ここでは一般史料から材料を探してみましょう。まず登城から。

登城の際は馬に乗るのか、それとも駕籠を使うのか。『武鑑』を見ると、さすがはガイドブック、布衣以上はちゃんと明記してあります。

乗物（高級駕籠）は、供の背中に付ける看板の図案などが示され、乗馬の場合は、単に「馬」と記載されています。布衣以上は乗物が許されているのですが（『徳川盛世録』）、年齢によっては馬の人もいました。また、両番頭はそもそも武役でありますから乗物でなく馬にするよう申し渡されたこともあります。

布衣以下では馬か徒歩になります。小十人以外の番士は馬を飼い、馬で登城しました。こんなケースもあります。『江戸幕府代官竹垣直清日記』では公用支配地行には長棒乗物四人肩（四人で駕籠を担ぐ）、市中私用には自家駕籠で町の人足二、三人を雇い用い、登城は歩行で行くとの記事がありました。

重い役職で乗物登城の人は、登城後いったん邸に駕籠を帰し（重職者の邸は御城に近いのです）、下城時は予定時間に迎えにこさせていました。

登城後の様子は『番衆狂歌』を見てみましょう。広い江戸城中、なかなか大変だったことがうかがえます。

御番日を居間に書付張置よ
　もしわすれては立たぬ身の上

御玄関の上を獅子の間御徒番
　天井虎之間御書院番

虎の次蘇鉄に檜の大小十人
　紅葉の間には御小性組
御番所は其間々々を限る也
　只仮初も外の間に出ず
大用場（便所）立とき帯がゆるまりて
　脇差落す事も切々
御番所の部屋（私用室）に長居は無用なり
　只一日の御番大事に
弁当は九つ（十二時）までを先といふ
八つ（十四時）時までを跡といふなり

登城で、御番日を忘れ欠勤するのは、大失態で後家の大事にもなります。眼につきやすいところに御番日を記した紙を貼っておくのが慣習でした。

また、それぞれの番がどの間に詰めているのかを覚えなくてはなりません。さらに番所から離れ、広い御殿内で迷って、入ってはいけない重い御部屋のあたりをうろつけば、一生を棒に振ります。その他、弁当の時間や暗くて灯のない便所など用心が必要なところがけっこうあったのです。

八王子千人頭十家は武田の遺臣で、甲州口の備えが役目の家柄です。それがなぜ旗本でないのか疑問でした。しかし『寛政譜』をよく調べると、旗本から降格された事情がうかがえました。明暦三年（一六五七）、石坂勘兵衛正俊が営中にてどこかはわかりませんが「まいるまじき席に入りし越度《おちど》により」老中や若年寄の勘気をこうむって、同僚みなが躑躅間席から御納戸前廊下に貶《おと》されたというのです。

多くの人は式日のほかにはめったに登城しません。慣れている人でも間違うくらいですから、大名・高級旗本は出入りの表坊主を決めて、かねて祝儀を渡しておき、営中で失態のないようにしました。

煩雑な衣服のルール

江戸城の年中行事の記録は、残念ながら大名衆が主体で、将軍家への面謁の場所が明示される程度です。旗本関係は、役職者や無役の人の行事の参加や、初御目見・家督などの場所や献上物も書いてありません。別な史料から拾い出すことになります。

重職者や諸大名が出席する、殿中や寛永寺、増上寺での重要行事や儀式における着席場所、着衣は、各人の覚書（先役の人の覚書を写したもの）とか、そのつど御目付の人から席図が配布されて、万一の支障に備えていました（『御留守居覚書』）。

年中行事でいちばんの注意事項が、当日にどんな衣服を着るかでした。

・長袴か半袴か
・熨斗目《のしめ》か服紗《ふくさ》生地か
・何色が不可か

まちがいがあったらそれこそ大変です。そのほか冬服（真綿入）、合着《あいぎ》（袷《あわせ》）、夏服（帷子）があり、夏足袋（四月一日〜九月十日まで足袋は禁止）には足痛の届をして承認される規定もあります。

『柳営事略』の巻末には、衣服の項があり、式服後の殿中着更まで付記してあります。大名・旗本の日記や記録には、必ず当日の着衣が明記されるなど、当日の重要度により相応なものを着ることが礼儀なのでした。

【着衣】

大礼服
束帯《そくたい》（五位以上・将軍宣下・重い法事）
衣冠《いかん》（五位以上・将軍官位昇進・法会・芝上野紅葉山参詣）

基本礼服（装束《しょうぞく》）
直垂《ひたたれ》（侍従以上）
狩衣《かりぎぬ》（四位以上）
大紋《だいもん》（五位以上）
布衣《ほい》（布衣役職）
素襖《すおう》（無官）

布衣

大紋

長袴

素襖

＊菊地ひと美『花の大江戸風俗案内』（ちくま文庫）より。次頁も同。

略式礼服
1．麻上下熨斗目小袖長袴
2．麻上下熨斗目小袖半袴
3．麻上下服紗小袖半袴

平服
継上下半袴

【衣更え】
冬服（九月九日〜三月晦日）
熨斗目・服紗小袖　真綿入
袷服（四月一日〜五月四日、九月一日〜八日）
熨斗目・服紗小袖　真綿なし
夏服（五月五日〜八月晦日）
白帷子《しろかたびら》小袖・染帷子《そめかたびら》小袖

継上下

半袴

熨斗目とは、腰の部分に格子模様入黒地（かち色）、その他色地のことをいい、服紗とは羽二重黒色・その他色地を指します。

このほか、幕臣の頭髪についてお話ししておきましょう。

衣冠、束帯では冠が、装束には烏帽子が必要ですが、略式礼装になるとかぶり物は必要ありません。

員外の人である医師・同朋・絵師・坊主衆は剃髪しており、寺院の僧侶と同じです。もしこの人びとが一般の役職に転ずるときは、「束髪を許され」て蓄髪し、髷を結います。しかし医師のなかでも今大路、半井《なからい》の典薬頭と紅葉山楽人《もみじやまがくじん》は、一般官位で有髪です（『寛政譜』）。

儒者は林家《りんけ》の祖、林羅山は道春として剃髪していましたが、三代目の林大学頭信篤《だいがくのかみのぶあつ》が、元禄四年（一六九一）小性組番頭格に格付され、束髪し大学頭を称して以来、剃髪と僧官位がなくなり、儒役は以降有髪になりました。

有髪でも、月代《さかやき》を剃っているか惣髪かとの疑問はありますが、原則は前髪を執った月代のある髪形です。自分の服忌や、将軍家の御不幸などや、有罪閉居の時には、月代を剃ることは禁じられます。また、隠居した人は、届出をすれば、剃髪も惣髪も許され、その後再勤に惣髪で勤めた例もあります。例外として幕末箱館のような寒冷地に赴任したときや、幕末には御家人までは願い出れば惣髪は許されています。

安政七年（一八六〇）正月の話です。若年寄稲垣長門守は、薬缶頭《やかんあたま》で少し髪が残っているところに付髪をして出勤していました。短気の人なので残り少ない髪をむしりとり付髪もできなくなりました。鬘《かつら》の使用を内々に打ちあわせましたが、そのような例はないとのことで、数十日出勤できないでいました。それでは困るので鬘を付髪のつもりにして出勤をしました（『藤岡屋日記』九）。

禿頭の人の苦心がわかります。『寛政譜』には、頭巾の使用を許される記事もありますが、これは幕初に老臣が将軍家より許される事例ですから、誰でもとはゆきません。

年中行事と登城日

五節句や、幕府にとって重要な日は、登城日となり、着るものも決まっています。五節句とは人日《じんじつ》（正月七日）、上巳《じょうし》（三月三日）、端午《たんご》（五月五日）、七夕（七月七日）、重陽《ちょうよう》（九月九日）のことです。

幕府は人日は五節句とはせず、「若菜《わかな》祝儀」としています。そのかわりに八朔《はっさく》（八月一日）を祝いました。古くからの祝儀日ですが、さらに天正十八年（一五九〇）のこの日に、徳川家康が江戸城に入府したためです。

一月一日　「年始御礼」　装束（譜代系ですが家により一部外様大名も入ります）
　二日　「同右」　装束（外様系）
　三日　「同右」　麻・熨斗目・長袴（冬服）

同夕　「御謡初《おうたいはじめ》」麻・熨斗目・長袴
七日　「若菜祝儀」麻・熨斗目・半袴
（若菜は五節句の祝儀とせず）
十一日　「具足《ぐそく》之御祝」麻・熨斗目・半袴
十五日　「月次《つきなみ》御礼」麻・熨斗目・半袴
二十八日　「月次御礼」麻・熨斗目・半袴
二月十五日　「月次御礼」麻・服紗・半袴
二十八日　「月次御礼」麻・服紗・半袴
三月三日　「上巳祝儀」麻・熨斗目・長袴
十五日　「月次御礼」麻・服紗・半袴
四月一日　「月次御礼」麻・袷熨斗目・半袴（袷服・足袋不用）
十五日　「月次御礼」麻・袷服紗・半袴
二十八日　「月次御礼」麻・袷服紗・半袴
五月一日　「月次御礼」麻・袷服紗・半袴（夏服）
五日　「端午祝儀」麻・染帷子・長袴
十五日　「月次御礼」麻・染帷子・半袴

六月一日　「月次御礼」麻・染帷子・半袴
十六日　「嘉定《かじょう》祝儀」麻・染帷子・長袴
七月一日　「月次御礼」麻・染帷子・半袴
七日　「七夕祝儀」麻・白帷子・長袴
二十八日　「月次御礼」麻・染帷子・半袴
八月一日　「八朔御礼」麻・白帷子・長袴（三千石以上太刀馬代献上）
十五日　「月次御礼」麻・染帷子・半袴
九月一日　「月次御礼」麻・袷服紗・半袴（袷服・足袋用）
九日　「重陽祝儀」麻・花色服紗・長袴（冬服）
十五日　「月次御礼」麻・服紗・半袴
十月一日　「月次御礼」麻・服紗・半袴
亥の日　「玄猪《げんちょ》御祝」麻・熨斗目・長袴
十五日　「月次御礼」麻・服紗・半袴
十一月一日　「月次御礼」麻・服紗・半袴
十五日　「月次御礼」麻・服紗・半袴
十二月一日　「月次御礼」麻・服紗・半袴

十五日　「月次御礼」麻・服紗・半袴
二十八日　「月次御礼」麻・熨斗目・半袴

「月次御礼」のない月日
(一月一日)、二月一日、三月一日、三月二十八日、五月二十八日、六月十五日、六月二十八日、七月十五日、(八月一日)、八月二十八日、九月二十八日、十月二十八日、十一月二十八日
(以上『徳川礼典録』『殿居袋』より。『柳営事略』他には誤記あり)

これに関連した『番衆狂歌』があります。

　御規式日御礼日公家衆御能の
　　惣登城には中の口より

無役の寄合・小普請も、諸役職者も玄関より入らず、中之口より入るはずですが。

　長袴素襖を常に着習て
　　立回り能《よく》馴《な》れて置べし

麻上下や素襖《すおう》の長袴は中世以降「足首」より下をあらわすのが失礼として発生しましたが、殿中の大事な儀礼に雑踏しないための役目も生じました。火急の時は裾先を腰紐にたくし上げて行動したといいます（『国史大辞典』長袴の項）。長袴の裾さばきは旗本の家庭の躾として大切です。殿中で前の人の長袴を踏まぬよう、後の人から長袴をふまれぬよう、麻上下・素襖の稽古が必要です。

熨斗目麻上下浅黄帷子《あさぎかたびら》を
包に入れて持たるかよし
四月中五月九月の朔日《ついたち》は
袷熨斗目を持たるかよし

旧暦では約三年に一回の閏月があります。今より季節感がずれ、九月九日は冬服・袷・帷子を気温によって、どれでもさしつかえないとされることも生じました。このため大名旗本の供列の持つ挟箱《はさみばこ》にはあらかじめ各種、各季の衣服を入れておく必要があったわけです。

旧暦では一年に十日ずつ気候が移動し、年によっては暑い日寒い日があるので、あらかじめ用意をして挟箱に入れる必要がありました。

日勤、泊まり勤務

幕府の各役職には月番とか、その日の本番、助番があり、おおよそ三日に一日の勤めでした。毎日出勤するわけではなく、それゆえ御番日を忘れるようなこともあったわけです。ただ、同役全員か、本番、助番だけかは不明ですが必ず出勤していた役職がありました。

それは以下のとおりです。

老中・若年寄・奏者番・寺社奉行・高家一人・側衆・留守居・大目付・町奉行・勘定奉行・作事奉行・普請奉行・小普請奉行・目付・大番頭・書院番頭・小性組番頭・小普請支配・新番頭・旗奉行・鎗奉行・百人組頭・持弓頭・持筒頭・先手弓頭・先手鉄炮頭・使番・徒頭（『残集柳営秘鑑』）

布衣以上の、小十人頭も入っていてよさそうですが記載がなく不明です。ともあれ、これらの役職の人びとは、朝四ツ時（十時）登城、九ツ半（十三時）に退出し（老中若年寄より早く、そして遅い）、泊番《とまりばん》のある人びとは七ツ半時（十七時）より登城しました。泊番のある役職は次のものがあり、夜食・朝食が支給されました（国会図書館蔵『天保七年御台所人別帳』より。カッコ内は御家人）。

側衆・小性・御伽・小納戸・広敷用人・同番之頭・同用達・（同添番）・奥医師・奥詰医師・御番医師・御番外科医師・目付・膳奉行・表と膳所台所頭・賄頭・細工頭・畳奉行・大工頭・右筆二人・二丸留守居・御庭番・納戸組頭・（表坊主・奥坊主・御用部屋坊主・数寄屋坊主）（徒目付組頭）（火之番組頭）（徒組頭）（下男頭）（御小人目付）

このほか西丸留守居に泊まり・夜食が考えられますが記載がありません。西丸は本丸と別個のシステムだったのでしょうか？　また、書院番頭は、泊番はあるのに夜食・朝食の記載がありません。書院番組頭・小性組与頭・新番組頭・小十人組頭・天守番之頭・富士見宝蔵番之頭・新番士（両番・小十人は欠）・腰物方・納戸番・吹上添奉行は、夜食はなくて朝食のみの支給になっていて少々不審ですが、これは朝七時の早い出勤のためでしょうか。

記録には、

朝　五百五十六人

夕（昼）　五百九十七人

夜　四百三十二人

合計　千五百八十五人程

とあり、旗本・御家人あわせて五百人弱の宿直勤務者がいたことがわかります。

御殿内勤番・泊番がどのようになっていたのか？　その実態は、今となってはわかりません。記録というものは常とは違うことが記されるのがふつうであり、日常のあたりまえのことはかえって残らないものです。

しかし、まったくわからないというわけでもありません。これは近世人の記録好きのおかげで、私たちは感謝しなければなりません。以下、御家人ではありますが、殿中勤番のある御徒の記録（山本政恒『幕末下級武士の記録』時事通信社）を見てみましょう。なお、比較のため書院番士の動向を『藤岡屋日記』『宝暦現来集』によって推測してみます。

【勤務場所】

書院番……虎間に勤番（番士）。中雀門番（与力・同心）。上埋門番（同心）。番所は表玄関を入り遠侍間左に殿上間、さらに虎間、その後ろを書院番所と弁当部屋と称します。交代待機用の部屋で、二階が休憩室とされていたと推測します。

御徒……遠侍間に三人、刀を脇に置き脇差を帯し、一時間ごとに交代する。加番所三人、中之口上り口、二階に控室あり。納戸口奥勘定所前番所にも四人勤番。

【泊まり場所】

書院番……頭・組頭は玄関前櫓、番士は虎間不寝番を勤めるか。

御徒……遠侍間にて不寝番一人、二人にて二時間ごとに交代。勘定所前番所前廊下にて不寝番一人、二人にて二時間ごとに交代。

【勤務日】

書院番……本丸（六組）・西丸（四組）の所属組で分担。本丸は六日に一度、西丸は四日に一度、虎間に昼夜勤番か。

御徒……幕末は二十組。本番・加番・御供番・二丸（不寝番なし）の四ヵ所を担当。五日に一度勤務。

両者ともに御成供奉など臨時出勤がある。

【当番日】

書院番……一組五十人を二班、朝番・夕番（泊番とする）とし、十六時ごろに交代するか。
御徒……一組二十五人を十二人ずつの二組に分け、朝番は七時大手開門後、詰所に入り、別組の泊番より引き継ぎ、十時〜十一時ごろいったん帰宅。十八時ごろ再出勤し、泊番・不寝番を勤める（これを三度番と称す）。夕番は十時に自宅より出勤、十八時ごろ前出泊番と交代帰宅。

御徒の場合は、勤務経験のある人の記録ですので、具体的なことが判明しますが、書院番の場合は事件記録からの推定のため曖昧なものになります。御徒の例も参考にして、さらに勤務状況を見てみます。

「虎間勤番は張番《はりばん》六人、膝代《ひざかわり》六人で勤める」との文言があるので、詰番と交代要員各六名で構成され、御徒のように昼は一時間交代、不寝番は二時間交代と推定されます。不寝番が何人かはわかりません。このほか、同じ班でも「請取当番」「泊番」の用語があり、同じ班でも当番として前の班と交代業務を担当したように考えられます。

なお、一時期、五代綱吉のころに張番という役職（御家人）が存在していましたが、ここでの記述は殿中勤務の形式のことです。

書院番士のいじめ

前項で「書院番士の勤務実態は『事件記録』からの推定である」と記しました。その事件とは殿中刃傷《にんじょう》です。

殿中刃傷は徳川三百年を通じて八件ほどあり、大老堀田正俊殺害やあの浅野・吉良の例が有名です。ちなみに、ここで紹介する事件の四十年ほど前の天明四年には、佐野善左衛門政言《まさこと》が、田沼意次《たぬまおきつぐ》の息子、山城守意知《おきとも》を死に至らしめています。

ともあれ、事件の風聞を記録した『藤岡屋日記』『宝暦現来集』は、はからずも書院番の勤務状況を知らせる数少ない史料となったわけで、筆者はそれを前項の記述の基礎としたわけです。しかし、事件そのものも非常に興味深いものなので、これもご紹介することにしましょう。泰平に馴れきった幕臣のようすがよくわかります。

事件は文政六年（一八二三）四月二十二日、夕七ツ時（十六時過ぎごろ）に発生しました。

場所は西丸中之口（役人の出入口）から入り奥の方の虎間の後ろにある書院番所の、その奥と二階にある控室（休憩室）。

犯人は西丸小納戸松平頼母《たのも》（家禄三百俵・尼崎侯桜井松平の末流）の惣領で西丸書院番の松平外記《げき》（三十三歳・部屋住）。腰の脇差（一尺二寸）で同僚三人を殺害、二人に疵を負わせたものです。

被害者は次の通り。

〔死亡〕
沼間《ぬま》右京（三十二歳・八百石）脇腹より片腰へ突き通し、即死
本多伊織（五十八歳・八百石）首切り落とし、即死
戸田彦之進（三十二歳・部屋住）片腕切り落とし、背中袈裟、即死

〔重傷〕
間部《まなべ》源十郎（五十六歳・千五百五十石）頭切り付け、片肩切り下げ、深手

〔軽傷〕
神尾《かんお》五郎三郎（三十歳・千五百石）後ろより帯下切り付け、浅手

なお外記の本当のターゲットは、
曲渕《まがりぶち》大学（三十六歳・二千五十石）

安西《あんざい》伊賀之助（四十一歳・八百五十石）
だったのですが、両名はそれまで引籠（欠勤）していた外記の出番（出勤）を知り、身の危険を感じて欠番（欠勤）して難を逃れました。討ち漏らしてこの点、外記としては無念、不本意だったでしょう。

いったい原因はなんだったのでしょう。

将軍の御出になる駒場野狩場御射鳥狩（時期は不明）に際し、拍子木役というのは重い役目とされ、古参番士が命ぜられる例となっていました。しかし、父頼母が将軍世子家慶の小納戸を勤めるためか、席次が下の松平外記が命ぜられたのです。

当然、席次が上の番士は面白くありません。なかでも曲渕と安西は事前打ち合わせに欠席したり、目の前で不満をあらわし、稽古のときには嘲弄するなどしました。他の心よからぬ番士も「父の威光で拍子木役になった」などと陰口をたたきます。

こうも反目者が大勢では、その後の勤仕にも差し障ると懸念して、外記は病気引籠と称して、結局、御役辞退をしました。

狩場のことも終わって、久しぶりに「平癒」出勤しましたが、職場の空気は変わりません。出番のたびに周囲の冷たい眼、聞こえよがしの陰口、わざわざ傍にきての嫌がらせの質問などが続くのでした。

そして事件当日。表御殿の玄関から大広間に通じる虎間の裏で、刃傷がおきるなどと誰一人思っていません。

番士はそれぞれ書き物、書見などをしていたといいます。居眠りするもの、便所に立つものもいました。

外記は、沼間右京の顔を見るなり切りつけました。沼間は即死。続けて本多、戸田にも切りかかり、両名とも即死。間部は大疵、神尾は逃げるときに背尻を切られました。外記はここで切腹自裁します。

番士たちは逃げまどい、全員休憩室の隣の番所に駆け込んで、池田吉十郎は無刀のまま板戸を堅く閉じて外記が入らぬようにしたとあります。それでも逃げた人のうち御徒番所・便所・縁の下にまで入ったとあります。

なんといっても脇差を抜いたのは外記一人、他は刃傷など予想もしていなかったのですから、袴も刀もなく逃げまどうしかなかったのでしょう。

外記はいじめられ役で切腹自裁、三人は即死ですから周囲は外記に同情的でした。

文政六年十月九日に処分が出ました。

主役松平外記の父、頼母は小納戸御役御免寄合入、差控には及ばずとの寛大な扱いでした。部屋住の起こした事件ですから、家名も存続、のちに外記の長男栄之助が相続し、二男も養子に行って伴鍋次郎（二百俵・書院番）として史料に残っています（『江戸幕臣人名事典』）。

一方、被害者の側ですが、

〈絶家〉

神尾（二階より落ち、後疵による見苦しい姿で無刀のままでおり、人の力を借りて御殿の方へ逃げたので改易絶家。沼間とともに厳しい御咎めです）

沼間（即死で、知行八百石・屋敷・家作とも召上げ、絶家）

戸田（部屋住なので家とは関係なし。職禄の切米三百俵の召上げ）

〈減禄〉

本多（即死につき知行八百石召上げ。養子右膳に両番勤仕部屋住切米三百俵を家禄に下され、屋敷・家作ともそのまま下さる）

退職者については、判決文を引用しておきましょう。

〈退職〉

間部（不意の儀とは申しながら油断のしだい不心掛の至り、御番召放、隠居慎、倅隼人へ家督相続相違なく下し置かる）

曲渕（松平外記に嘲弄がましき申し、不埒、御番御免小普請入、表六番町七百五十坪差上、

目黒に千坪下さる）

安西（曲渕に同文。御番御免小普請入、裏四番町七百坪差上、目黒に五百坪下さる）

このほか相番で、襖押二人、便所隠一人、屏風裏隠一人、濡縁下一人、無刀駈出二人、狼狽三人の合計十人が御番御免小普請入となりました。

神尾のばあいは、やはり武士として背中を見せたことが、厳しい処分の対象となったものと思われます。宿敵曲渕と安西は悪賢い人間だけに、異変を察知して当日は欠勤、番町のよい屋敷を失うだけですみました（当時、目黒は落語にあるように田舎でした）。昔も今もかわらない世の中です。

番頭・組頭のほか、逼塞は「御番召放」、差控は「御番御免」とされ、書院番に残った人は三人、十月に新たに二十一人が御番入補充されることとされました。厳密にいえば違いますが、「召放」は懲戒免職、「御免」は諭旨免職に似たニュアンスでしょうか（参考までに文政六年四月現在の西丸書院番三組には、番頭酒井山城守、組頭大久保六郎右衛門のほかに、番士四十八人がいると記録にあります。二十四人が朝番、二十四人が泊番で、六人虎間詰六人交代番〔膝代〕が二班ありました）。

さて、この刃傷事件を諷した戯文には、

嘸《さぞ》以て長日の御退屈察し入ります

どうにも体の致方がない

など番士の会話や居眠りをしていたなどの姿が知られます。こうした言葉から事件の背景、ひいては当時の番士全体の気風、たるみが感じられないでしょうか。幕府創業二百余年を経て、徳川軍中枢の戦士の面影はなく、泰平の中では緊迫感もない。番方から役方への栄進も限られている……。

田沼・水野・大御所時代は生活も華美であり、形式化した御番勤めだったのでしょう。幕臣全体でも、新しく御役に入ったり栄転しても、新参者から挨拶として古参者への多額の振る舞いが必要で、大番・両番の番頭のような高い職でも、新役への意地悪、いじめがあったといいます。天明七年（一七八七）正月、西丸書院番頭水上正信の同役招宴時の、客の狼藉は、あの『続徳川実紀』（一）の本文にも珍しく詳記されているくらいの事件でした。

書院番士も屋敷にあれば歴々の殿様ですが、御番に出ているときは、誰が席上で誰が席下（筆下ともいいます）か、誰々は人がよく、某は態度が悪いとかを気にしなくてはなりません。席下は御番にある長いあいだ、常に席上の機嫌を損ぜぬようにするなど、そのさまは今の学校体育会・運動部に似ています。

休憩中は丸腰で、読書・居眠り・座談などとなりますが、そこでも気に入らぬ席下に対して、

・聞こえよがしの悪口
・グループで仲間外れ
・わざと嫌味な話しかけ
・弁当に汚物を入れる

などのいやがらせが横行していたことが、当時の戯文や事件の申渡書に見えています。これも今の中・高校生の事件と同じです。

番士には累代の家も多く、肉親・縁者に迷惑のかかる行動はとれません。我慢に我慢を重ね、やむをえぬときは、病気御番御免を願い出るくらいのものです。それを知っているからこそ、いじめる側もさらにいじめるわけです。松平外記のように「キレて」自裁覚悟で刃傷に及ぶとは、加害者側にとっては想像外のできごとだったと思います。

事件後、老中から訓示が出ています。その大意は次のようなものです。

外記は嘲弄がましいことがあって乱心した。事件後、番士には武士らしくない不覚悟の応対があった。度々作法も仰出されたが等閑である。古参の者は権高に我意を立て、新規のものに迷惑させてはならぬ。今後非道のことは和熟して、御奉公第一にされたい。

老中から訓示が出たということは、幕府は今後もこのような問題発生の危険があると認識していたのだと思います。こうした状況は松平定信正権の出現でいっとき浄化されましたが、文化文政以降、さらに事態は悪化し、幕府終焉を迎えました。

病欠

刃傷沙汰に及ぶまで、松平外記は病気引籠として欠勤していました。幕臣はいったいどれくらい病欠が認められたのでしょうか。

両番士のなかには、一日だけ御番を勤め、以降九十日欠勤し、再び一日出勤して御番を免職にならないようにする強者がいたという話を読んだことがあります。その間内職に精を出して、そこで得た金でその筋に賄賂を贈り、出世したというのです。

御家人の多くが生活のために内職をしていたというのは事実で、事情は小禄無役の旗本も同じでした。それも商人に買い叩かれるきびしい内職ですから、両番・大番に御番入する旗本にそんないい内職があったかは疑問です。ただ、幕臣には隠れた文化人や技能者も多かったので、それなりの口もあったのかもしれません。

しかしこの話は、御番には臨時供奉があっても、一日出勤したら、次の出勤まで余裕があったことを物語ります。
ここで再び『番衆狂歌』を引いてみましょう。

長病に引込居れば頭より
古番見廻りといし《(医師カ)》を聞なり

小普請に十三月過てのち
願い上るも頭料簡

古く寛文六年（一六六六）の文書には、

①長煩《ながわずらい》で小普請に戻すときは、十二ヵ月欠勤し御番を勤めがたいときである。その後十三ヵ月目より快方に向かい、御番を勤められる様子であれば復番させる。
②時々御番に出て、よく煩う場合は三年の御番をみて、三分の一以上煩いであれば、四年めに小普請に入れる。
③病身で小普請入りを申し出たときは、誓詞をとって小普請に入れる。

④小普請入り後、回復し、元の番に御番入を願うときは、老中に申達し御番入をさせる。

とあります。時代としては幕府初期、幕臣でも惣領以外の二、三男も召出のあった古いころですから、いわば売り手市場、休んでもかなり待ってもらえたと思われます。その後は史料が乏しいのでなんとも言えませんが、これよりは条件がきびしくなったのではないでしょうか。

外泊は不可

大名・旗本の当主は、江戸自邸以外の外泊はできません。

自分の下屋敷に行き郊外の空気を楽しむとか、中屋敷の先代隠居の訪問は、日帰りですからできますが、帰り時刻に大風雨などの異変以外は、そこに外泊することはできません。上屋敷にいるべき当主に、急使があって不在となると、ことが公になって問題になります。これは江戸住まいの話です。

江戸御府内外への外出はどうでしょうか。

たとえば先祖の墓地が御府外四里くらい離れていても、日帰りの距離であればさしつかえありません。川崎大師は日帰りですが、鎌倉の鶴岡八幡宮は一泊で、遠馬で日帰りできても必ず届けをして許可を取ります。横浜あたりの墓所での墓参は、外泊一、二日の許可をとります。こういうことは、諸家よりの問いあわせと回答書を集めた『的例問答』『公用雑纂』から拾えます。

ついでに旗本が足腰痛に悩んでいるばあい、五十歳以下でも「月切駕籠」を申請し許可をうけて登城しますが、元文以降は高級な乗物でなく、少し劣る駕籠でした。日記・覚書・随筆には、日常の小事は書いてないので、前記の史料などから見つけるしかありません。

『寛政譜』には「普段の外出でも、貧しくて僕《しもべ》をつれず、両刀を帯せず（小刀のみか）市中を歩き」として処罰されている例があり、部屋住の二、三男でも無僕を禁ぜられていることもあります。外出・外泊もむずかしいルールがあったのです。

その反面、解釈に苦しむ意外な話もあります。

【長期間屋敷不在の事例】

天明の頃の話のようですが、京都町奉行元与力の神沢杜口《かんざわとこう》があらわした『翁草』（巻一二五）に、次の話があります。

ある小普請（旗本・御家人譜代席か）某に、評定所の参考人として出廷命令があった。急いで所属の支配組頭の下役が、邸に行ったところ荒れ果て、長い間放置され所在不明だった。手を尽して探したところ、堺町芝居小屋の木戸番をしていた。呆れはて連れきたり、大小の腰物・上下衣類を支配組頭のところで整え、出廷し問題はなく帰ってきた。もし発見できなかったら絶家であるが、何事もなかったので内々のこととし、人にも知られずに済んだ。

『翁草』は京都町与力の伝聞ですから若干、中央の事情に暗いところがありますが、旗本の士は届出の邸に住み、外泊も許されないという言葉もむなしく聞こえます。

勝海舟の父勝小吉は十四歳ながら、旗本の当主でした。天保十四年（一八四三）に書き終えた『夢酔独言』に、無断で御伊勢参りに行き、乞食旅行をした体験談があります。

文化十二年（一八一五）五月二十八日思い立って伊勢参りに出た。所持金をとられ乞食旅行をし、知人を作り見聞を広め、八月八日に本所の自宅に戻った。実父男谷平蔵（勘定組頭）は、八方手をつくし人も出したが行方不明で、婿養子先の勝家の絶家も覚悟した。帰宅後、小普請支配の石川左近将監に届けを出したところ、「八月中に帰らぬと絶家だった、しかし帰ってめでたい」と言われた。わかりのよい頭《かしら》であった。

何ヵ月、何ヵ日所在不明だと、絶家になるのでしょうか。小吉のばあい、五月二十八日の出立を少し遅らせて届けているでしょうが、おそらく三ヵ月だったのではないかと筆者は考えています。

さらに驚いたことに支配の石川左近将監（五百石、勘定奉行二度勤）が、二年後の文化十四年（一八一七）に逢対《おうたい》（小普請の士が支配に面接に出る）の時に、小吉の伊勢乞食旅行をかくさずすべて話させ、「よく修業した、その内御番入をさせてやるから」と、面白がっておりました。

ある意味でよき時代だったのでしょう。

遠馬《とおうま》と遠足《とおあし》

武技の訓練として、鎌倉鶴岡八幡宮・小金井堤などに、遠馬が公私とも行われました。

公的な遠馬として寛政三年（一七九一）三月五日、奥之衆（小納戸頭取岩本石見守他小納戸）とされる小納戸・御馬方《おうまかた》（曲木仙之助他廐で馬術担当旗本）合計八人が、鎌倉の鶴岡八幡宮に参詣した記録があります（『宝暦現来集』）。

午後四時すぎに御城から出発、帰城時刻は不明とあります。おそらく十時間以内の所要時間でしょう。

文化八年（一八一一）には、小性組番士上野七郎右衛門（五百石）が、鎌倉に馬術修行のため遠乗を申し出ました。手続きを順に述べます（『公用雑纂』六）。

四月十六日

西丸小性組番頭松平伊予守より若年寄水野壱岐守に申請

四月二十五日

許可出る。日時・出発帰着場所と刻限・馬毛色・馬の歳を前日に届けること

五月二日

自宅午前六時発、十一時鎌倉鶴岡八幡宮着、午後四時自宅着

五月三日

番頭松平伊予守に届け、若年寄に達した

行程は約十時間。馬は文化三年（一八〇六）十二月に拝領の野馬星尾白栗毛（七歳）でした。

安政二年（一八五五）四月五日、一橋慶喜は鎌倉への遠馬を試みました（『一橋徳川家記』）。午前二時に出発して午後八時に帰館しています。所要時間が約十八時間と長いのは家臣の御供があるからでしょう。

ところで、昔の時間は一日十二刻、一刻をさらに十で分け、一分はいまの十二分です。さらに不定時法でしたから、冬は日中六刻は短く、夏は長くなります。そのうえ昔は太陰暦で、三年に一回閏月が入りますから、さらに説明が難しくなります（しかし、現代でも石川英輔氏の書斎では不定時法の時計が動いているそうです。『大江戸生活体験事情』講談社）。

川崎大師（五里半）とか小金井堤は江戸から離れますが、徒歩でもその日の内に帰れますので、脚力鍛錬のため遠足が行われました。遠足の歴史で有名なのは、幕末の安中藩の遠足ですが、江戸では川崎はおろか鎌倉への記録があります。

先の寛政三年三月五日の遠馬と同日に、鷹匠（市川喜兵衛ほか）、鳥見（水谷又助ほか）の役人が、鎌倉への遠足に挑戦しています。人数は九人です（『宝暦現来集』四・『続徳川実紀』）。

朝四時すぎ（明ケ七ツ時三分［四時三十六分］）

御城を出発

午前七時すぎ（明ケ六ツ時八分［七時三十六分］）

神奈川宿着

午前十時すぎ（四ツ時二分［十時二十四分］）

鎌倉鶴岡八幡宮に到着

帰路は、

午後二時まえ（九ツ時九分［一時四十八分］）

神奈川宿着

午後四時すぎ（七ツ時四分［四時四十八分］）

品川宿着

午後五時すぎ（七ッ時七分［五時二十四分］）

御城の吹上御庭に到着

とあります。往復二十六里でしょうか。

いちばん早く到着した人は、将軍家斉の前で歩行の速度をお見せし、一同元馬場で御酒御肴湯漬を頂戴しました。徒歩で十三時間ですから一里を三十分のスピードです。

文化三年（一八〇六）四月十一日には、大番竹川武助ほか二名が、足様《あしためし》として鶴岡八幡宮に日帰り遠足に出かけています。

二月に大番頭より若年寄京極備中守に内慮を伺い、許可されました。さらに大番頭の支配先老中青山下野守に進達し四月五日に、「日時予定行路を二日前に大番頭に届けよ」の付札《つけふだ》が下りました。

各人邸を出て午前三時に品川宿を揃って出発、鶴岡八幡宮に到着。夕方の午後六時まえ、山下御門の大番頭邸に帰着の届をしました。往復二十六里に十五時間を要しています。

墓参りと入鉄炮

筆者は、大身の旗本佐藤美濃守信顕《のぶあき》が、文政七年(一八二四)に菩提寺の美濃国は伊深村(現美濃加茂市)正眼寺(吉次開基)に赴いて、先祖の百五十回忌を営んだ記録のコピーを子孫の佐藤任宏氏から入手しました。出張の途中、たとえば大番頭が京坂勤番の帰路に菩提寺に立ち寄るのは容易でしょうが、江戸勤務の書院番頭では珍しい記録でしょう。

佐藤家三代駿河守吉次《よしつぐ》は、普請工事の上手として幕府に重用され、三千二百石の家禄以上の裕福の基礎をつくりました。延宝三年(一六七五)三月二十八日に卒し、知行地の美濃伊深の関山山に葬し、傍の正眼寺を菩提寺にしました。信顕は十代目にあたります。

信顕は当時、西丸書院番頭(職禄四千石)に在職中でしたが、御暇《おいとま》をいただき一ヵ月弱の墓参に出ました。

幕府は祖先崇敬は尊重しますので、手続きさえ取れば許可は出ますが、現役の軍職、番士五十人の頭が宿泊を要する所用に出るわけですから、手続きも大変だったと思います。

とはいえ法的な手続きの記録は残念ながら存在しません。残っている記録は金銭の支払記録だけですが、やはり生活実状を知るうえで貴重なものです。

【行程】

五月五日

出立。中山道を通る

五月十四日

伊深着

五月二十日

帰発。東海道を通る

五月二十五日

駿府宝泰寺（二代継成《つぐなり》葬所）を参詣

五月二十六日

久能山参拝

五月三十日

江戸帰着

【従者】

家臣十六人、足軽七人、中間十二人

【その他】

乗物、乗馬、鉄炮二挺（後記）

【総費用】

四百十両

＊出発までに、乗物・鎗などの用具に修理をほどこし、従者の衣服などを新調。さらに従者に支度金を前渡し、道中経費は主人持ち。

大番頭（職禄五千石高）は道中十万石の格といわれ、江戸御府内を出ると十万石の格に行装が立派になるといいます。四千石高の書院番頭でも同様に、私用ですが大勢の従者を立てたことでしょう。

このほか信顕は祖先追悼の百五十首を、当時の大名・旗本・重職者・親族・知人から集め、『関山詞林集』一巻として納めています。

今回は個人旅行ですが、当主のお供をした譜代の家臣や渡り家来は三十五人のほか、荷物はこびの人もいたでしょう。三千二百石の総収入は、書院番頭の足高を加え四千石、表向の収入は千四百石＝千四百両ですから、四百十両の臨時支出は多額です。佐藤家が裕福だったことはこれからも推察できます。

じつはこの墓参の行列に携帯した鉄炮二挺が、関所で問題となりました。佐藤信顕の携帯した鉄炮二挺は、家禄では三挺（軍役表）でもさしつかえないのですが、結果として関所を出られても、帰りの関所で「入鉄炮」になってしまうのです。ことの大筋を金井達雄氏の研究（『中山道碓氷関所の研究』下巻）から紹介します。

五月八日、佐藤信顕一行は、碓氷関所を通行します。一行は関所について不案内らしく、番所に鉄炮の挨拶もなく通り過ぎようとしました。関所の番士は「出鉄炮」なので帰りは「入鉄炮」になるから、老中発行の裏書証文が必要ですよと注意をして通しました。

ところが次の木曽福島の関所では差し止めにされてしまいます。やむなく関所手前の上田村の村役人に頼んで、鉄炮二挺を預け鉄炮なしで通行しました。

帰路は東海道を通ると届けてありますので、上田村は通りません。かりに中山道を通って帰っても、碓氷関所で咎められ老中の裏書証文が必要となります。

そこで佐藤家としては、至急江戸に連絡し六月付で老中裏書証文を手に入れ、上田村役人より江戸に転送してもらうことで、この件を解決しました。

『佐藤家文書』の支出中には、鉄炮二挺と玉箱の転送費用、約八両が計上されておりました。

美濃守信顕は幸福な人で、墓参の有給休暇もいただき、さらに大名役である大番頭となり、さらに留守居も勤め、天保二年（一八三一）、六十七歳で卒しました。

第七章　旗本の経済学

知行取り

近世に入る前には、所領・収納の額を「貫高」「永高」という方法で表示していました(関東では近世に入っても、実務では使われていました)。幕府の収支計算書にも、大名・旗本の収納、とくに小物成(雑租)には、幕末まで見られました。

貫高は銭貨の貫文、永高は永楽銭の表示です。永一貫文は銭の四貫文にあたり、幕初は銭四貫文=金一両ですから、永一貫文は金一両の換算になります。永楽銭は慶長十三年(一六〇八)に通貨として通用は禁止されますが、租税の面では幕末まで残っていました。

貫高は田地千坪、米生産量五石といわれますが、時代と地域により五石に一定していないともいわれ、詳細は不明です。近世においては上田一町(三千坪)の米生産が十五石ですから、五石説も裏付けはありますが時代が違いますので五石は少し多いようです。

しかし、太閤検地以降、土地の表示は石高によるようになります。

関ヶ原合戦がおわって、浪人たちの願いは「二百石の騎馬の士」、「百石の鎗を立てる士」でした。二百俵でなく二百石とは、主君より知行地を支給されることを望んでいることを物語ります。主君の米倉から支給される「俵取り・現米取」は、戦士ではなく使用人であると、彼らは考えたのです。武家は土地を支配することで成り立ち、家臣の士も戦場にゆくときは、自分の知行地から屈強な男子を従者につれて従軍します。そのために知行地に一所懸命になりました。

そういうわけで幕府では同禄（同収入）の序列は、

①知行取り（石表示）
②蔵米取り（蔵米表示）
③現米取り（現米表示）
④扶持取り（扶持表示）

の格順になります（その混合禄もあります）。

たとえば五百石の武士は五百俵の武士より格上です。そして三百石の武士が蔵米で二百俵加増になりますと、「高五百石内蔵米二百俵」と称し、五百石と五百俵のあいだに格付けされます。以下、武士の禄の支給形態について説明してまいりましょう。

【知行取り】

石表示でその生産地を支配し、その土地から、米・麦（米に換算し金銭でも納める）のほか、小物成（雑租）を収納し、農民を夫役として使用することができます。反面、領民に対し耕作土木の協力もします。

近世の村高は平均五百石ですから、五百石の知行取りは一ヵ村の領主ともいえます。しかし豊作であれば四〇パーセントを超す収納の年がある反面、凶作の年は一〇パーセント台とか皆無の危険もあります。したがって平均収納率は三五パーセントとみるのが適当でした（これを三ツ半取りといいます）。

凶作の際の危険分散のためもあって、ある村を一人の旗本が知行するというかたちは少なく、相給《あいきゅう》といって一ヵ村を数人の旗本が分割所有することが多くありました。このばあい裁判権や支配権が、一円知行（まとまった領地）に比べ劣りました。また御家人のなかにも、天守番・宝蔵番や元鷹匠とか元鳥見のように、関東近郊に五十〜二百石前後の知行地を与えられたり、町与力や鉄炮玉薬同心のように、数十人に一括した知行地（大縄知行）が支給される異例が存在していました。

関東はローム層の土地で、上方《かみがた》に比べ収穫は劣っていましたので、上方の知行のほうが収入が多く有利でした。そのため関東入国以来五百石の家禄に対し、帳簿上で七百石の土地を与え、余剰の二百石を込高《こみだか》と称し過剰支給をしています（江戸近郊の旗本知行地は畑地が多く不利とされますが、その一方で神崎彰利氏は、江戸に売る野菜を作り、米よりも余分な納租がある。幕府も旗本を手厚く込高をつけて配慮したとされています）。

そのほか五百石の土地でも、肥沃な実質七百石に相当する土地を与えられるばあいもありました。たとえば低禄の人が勘定奉行に出世し、五百石に加増された時には、配下の人が心を配り肥沃の土地が給されました。

時代が下ると共に武士は貨幣経済にまき込まれて貧乏します。知行取りは家政の用人と村の有力者の間で、用金を申し付けたり、年貢の前払（前借り）を重ねます。この間に領主と領民の紛争が見られ、その原因に悪質の旗本用人が存在することも多くなりました。

地方史の史料を見ておりますと、時代が下るにつれて村への借金返済を優先し、領主は節約した日常費を月々領地から送金してもらう例が、数多く出てきます。

知行地と収納の米・麦・小物成・雑穀のあり方は、各種各様で一概には説明できません。地方史の中に解説がありますが、一万石余土方家の領地だった『菰野《こもの》町史』（三重県）は具体的で参考になります。

米によるサラリーマン

【蔵米取り】

俵表示で浅草の御蔵から札差商人を介して俸禄をうけます。知行地の豊凶の心配なく、米によるサラリーマンともいえます。優位にある知行取りでも、収納が悪いと蔵米にしてもらうようになり、格差は少なくなります。

家禄を年三回に分けて支給され、二月に四分の一、五月に四分の一（以上前渡）、十月に二分の一が渡されます。支給時に支配者の支給証文を蔵宿《くらやど》（札差《ふださし》）に渡し、百俵につき金一分を払い蔵米を受け取ります。蔵米を別名切米《きりまい》とも、『寛政譜』は廩米《りんまい》とも称していました。

一俵にどれだけの米を詰めるかは各地で違いがあります。幕府は一俵三斗五升入、加賀藩一俵五斗入とまちまちです。幕府には一俵三斗から四斗余にわたる各種米俵が各地より入りますので、支給は百俵で三十五石とみなしていろいろの入目の米俵を混合し、最後に端数で調整します。

米の品質は、上米・中上米・中米・中次米に分かれ、無役の人は中次米、並の役職者は中米、高職者には上米を渡します。将軍家は美濃米です。扶持米は日常食にしますので、まずまずの米を渡します。

蔵米取りの人々は、借金の必要のあるときは蔵宿から高利で借り、けっきょく限度に至り生涯借金に苦しみます。

【現米取り】

幕府の与力は現米八十石の禄が多数でした。その他幕初に採用された鳥見などの現場を持つ役職者にも見られこの表示は幕末まで存続します（ただし幕府中期以降の採用者は主として俵表示だけになり現米表示は姿を消します）。

現米の現とは「現物」の意味に解されます。現米ということばについては「地方書」にもその歴史が記されてはおりませんが、わが国では古くから、支給米を蔵米とはいわずに「正米」という意味で現米と呼びならわしてきました。すなわち「現米八十石」とは正味八十石、現物で八十石と考えられます。

すでに述べたように俵は各地で入目が三〜五斗とまちまちなため、なまじ俵表示されるよりも、どこにいっても正味何石という現米表示のほうが喜ばれる面があったと思います。

幕府以外の大名は現米を切米と呼びます。切米十石三人扶持といった具合です。しかし十石三人扶持と上に何もつかないと、これが知行地なのか現米（切米）なのかわかりません。大名の家では知行取りのほうが俵取りより尊重されますので、百石とか五十石は知行形式（草高）と考えていいでしょう。三十石では知行か現米か明示がないとわかりません。

幕府ではもう一つ問題があります。現米八十石の人が、抱席の与力から御家人・旗本の役職に栄転すると、家禄として現米八十石のままの人と、蔵米表示に直った人がいるのです。

幕初、一俵四斗入りのときは（十斗＝一石ですから）百俵＝四百斗＝四十石となりますから簡単に高現米八十石は二百俵と直せますが、元禄以前、蔵米が一俵三斗五升入りになると、換算高は二百二十八俵二斗となり、現米七十石とか三十五石の人以外には端数がでるようになります。つまり初期に蔵米取りに直った人は損をしたわけです。

このあたりは当時の人にとってもややこしいところだったようで、『御家人分限帳』でも現米四十石が蔵米百十四俵一斗のところではなく、蔵米四十俵のところに並べてあったりします。作成者が正しい知識を持っていなかった例証といえましょう。

【扶持取り】

昔の豪族が所領を失い、幕府から喰扶持として千人扶持を受けたり、医師が招聘されて百人扶持をうける例があります。幕末の軍人・医師の召抱者には三十人扶持（百五十俵）が多く支給されています。

その他は、知行・蔵米・現米取りの付加給として支給され、五番方の小十人は百俵十人扶持と戦時の姿が示されています。

一人扶持とは、男子に一日の食料玄米五合が朝夕二食分として支給されたものですが、旧暦時代の一年が三百五十四日とすると、年一石七斗七升です。

一俵三斗五升の五俵は、一年三百五十日とし一石七斗五升となり年二升（四日分）の違いが生じますが、約束事で二升削り、一人扶持＝年五俵と決めて、換算しています。しかし支給人には一日五合として、毎月支給で年一石七斗七升が渡されていました。

蔵米取りの百俵五人扶持を百二十五俵、現米七十石四人扶持を二百二十俵というように表示をわかりやすくすればよいのですが、ことは格の問題です。俵と石、扶持を俵にかえることは格上げになりますから容易には許されません。二十人扶持の人が百俵に直った例もありますが、容易に許されないが、特に配慮するともったいがつきました（ここまで国会図書館蔵『御蔵旧例書』を参考）。

このほか御家人の低い役職には、「五両二人扶持」と貨幣を主な給料とするものも散見されます。

蔵米取り、現米取りと扶持取りとの差に、閏年の問題があります。蔵米取り、現米取りの人は、三年に一度ある閏年に対して、事前に準備するのが心構えであるとして用心して蓄積しておりましたが、毎月支給である扶持米はどうでしょうか。『栗橋関所史料』上に、関所番士が文政二年に四月閏月分を加えて三百八十四日の扶持米を受けとった記事があります。扶持米は閏月も支給されていました。

『寛政譜』に珍しい三種混合の家があります。

米野家《よねの》　現米二十五石　蔵米二十八俵二斗　四人扶持

御家人から昇進の家なので詳しいことはわかりませんが、当初現米二十五石四人扶持だったのが、蔵米を加えて年収百二十俵になったものと思います（現米二十五石は一俵三斗五升入で七十一俵一斗五升、四人扶持は同じく二十俵です）。

知行取り以外は、米の収入の作柄豊凶による収入不安定を、幕府が肩がわりしています（大名・旗本においても、家臣の俸禄と同様肩がわりします）。肩がわりには、米の増収・減収の損益の危険がありますが、永い年数を平均すれば同じくらいといわれます。

いまから考えると、領主が田の収穫の三五パーセントを取るとは、高い税率と思います。しかし最近では、一町の収穫は標準中田十二石の少量でなく、一町に籾付四十石＝玄米二十石が実収との説があり、今までの生産高より多量です。これでは、副生産物を含めると税率は一〇パーセント台との説も出てきています。知行高・貢租率・農民手取りなど、今までの常識を変更するところにきています（佐藤常雄他『貧農史観を見直す』講談社現代新書、『柳庵雑筆』日本随筆大成）。

泰平の時代になり、五百石の知行地よりの収納が標準三五パーセント以下になると、蔵米取り五百俵より実収は少なくなります。幕府も土地柄三〇パーセント以下の収納であれば、家禄五百俵に変更したり、役職勤務中は蔵米に変更する条件で、一時的に蔵米支給に変更してくれました（本書第五章「北条家の減禄」の項参照）。

泰平になると、知行取りの面子より、蔵米取りの実利が重んぜられ、知行取りの重要性はなくなってしまいました。それでも旗本の五百石以上の家は、九〇パーセントは知行取りで、五百石以下では知行取りの数は急減します。

いったん、ここで大まかに整理しておきましょう。幕臣家禄の約束事として一石＝一俵、現米三十五石＝百俵、一人扶持＝五俵で換算します。

①五百石の家は平均収租率三五パーセントで、一年に玄米百七十石の収入

②五百俵の家は一俵三斗五升入なので、年収玄米百七十五石（ごく少数の家と関西の役職者は、一俵四斗入）

③現米百七十五石の家は、俵で五百俵

④百人扶持の家は、一人扶持年間五俵一石七斗五升ですから、俵で五百俵

誤解しやすく、注意すべきことは次のとおりです。

A．支給される米は、玄米であり、白米（精米の際に二〇パーセント搗減りする）、籾付米（倍の石数になる）ではない。

B．知行地の石数は、米の総生産量であり、領主の収納は幕臣で平均三五パーセント、農民が六五パーセントを収入とし、生活費・肥料・生産費となる。

C．家禄表示には必ず「高五百石」のように高を入れ、俵・現米・扶持にも高を付ける（高現米八十石・高二十人扶持など）。石の表示は、知行地・現米の二種があり混乱するが、高現米八十石のように幕臣には必ず現米が入る。

役料から足高制へ

　幕初は配下に人材が豊富で、家禄に相応の役職に命ずることができました。幕府も年貢や金銀の産出、貿易益で豊かでしたから、有能な人には家禄を加増し、役職と家禄が見合っていました。

　やがて大名も旗本も多くは、戦士から行政職に転換していきます。しかし四代将軍家綱の頃から、重職者の子孫も三代四代になり、裕福な生活になれきったせいか、有能な人物が少なくなります。

　下位の階層から適職者を選ぶと、家禄以外に役職手当を加給しなければなりません。そこで人物と収入の調整のために、寛文五、六年（一六六五～六六）に役料を設定しますが、転役・昇進時に役料を家禄に組み入れねばならず、さらに幕府収入も低下し人件費増に苦しみます。けっきょく天和二年（一六八二）には、役料を家禄に加えることにして、役料を廃止しました。この頃から庶務会計の職務がふえ、御家人層から旗本に昇格させて使わざるをえなくなってきます。

元禄二年から五年（一六八九～九二）にかけて、今までに昇格させた小禄の算勘の役職者に、後の足高制に似た職禄をきめて、役料制は完全に終わりました。

享保八年（一七二三）、吉宗の代に足高の制度が設定されます。

すでに幕府の役職序列は、万治二年（一六五九）に「諸士着座之席」に示されており、その後老中以下諸奉行の支配職も定められていました。

この役職に対して職禄をきめ、職禄以下の家禄の役職者には、役職にある間は禄米を補給することにしました。やがて職禄の一覧と序列表にもなる『大概順』が出現して、誰にでもよくわかるようになります。たとえば「御徒頭」は、布衣以上の役職の項を探し、職高千石と確認できます（第二章の表参照）。

もし家禄三百俵の人が「御徒頭」に就任すると、「明細短冊」（身上書）には、

「高千石　内足高七百俵　本高三百俵　何之誰」

と書きます。「御徒頭」に就いたとき、三百俵から千石に加増されたとみるのは誤解です。足高の原則は役職勤務中に七百俵加給され、無役になったときに、家禄の三百俵に戻るというものです。

加増の例はごくわずかしかありませんが、百俵以下の人が布衣に昇進すると、家禄百俵に加増されます。遠国奉行は二百俵、町奉行・勘定奉行は五百石、御側衆は二千石に加増される内規がありました。

役職者には当主だけでなく、部屋住の惣領もいます。父が布衣百俵の惣領が両番に御番入しますと、職禄は三百俵ですから部屋住も三百俵もらいますが、但し書きとして、「高三百俵　内切米百俵（部屋住の基本給・父の家禄に同じ）　御番勤候内二百俵御足高」とします。家禄が三百俵以上の惣領は「高三百俵」が、部屋住勤務中の基本給とされ、他の高職に昇っても部屋住の間は基本給は同じです。

この足高は、小禄の人が無役になると三十俵前後の旧禄に戻りますので、低禄の人は死ぬまで在職するよう努力します。しかし次代が無役だと勝海舟の父のように、年収五十俵では旗本家らしくない生活にならざるを得ません。

また家禄百俵以下で御番入をすると、職禄との差額を足高で補足することになりますので、低禄な御家人役職の火之番などに「引下《ひきさ》ゲ勤《つとめ》」させるばあいもありました。その後に小十人に御番入になる人もいます。

一方、小禄から布衣家禄百俵、遠国奉行で家禄二百俵、勘定奉行で五百石の知行取りと家禄が増え、その後いずれも足高を支給される高級官僚になる人もあります。まして隠居役ともいえる「御留守居」に優遇されると、職高五千石、足高四千五百石にもなる恵まれた人もおります。

足高の制は、低禄な人たちには昇進の道がひらけ、また幕府も人材登用が可能になると同時に人件費の増大を防げるものでした。しかし、三河以来の誇りを持つ旧家の人びとには、どのように影響したでしょうか。笠谷和比古氏は「足高制の本質は、職禄に表現される役職の重さと、身分格式にふさわしい人の勤める役職であることも示すことにある」としています（『徳川吉宗』ちくま新書）。

旧家の幕臣の名誉心を満足させるいくつかの役職では、旧家尊重の人事がおこなわれていました。

「寛政十一年末の全旗本役職表」（仮題稿未刊書）をみますと、それが裏付けられます。

【御目付】

西丸目付を含め十六人ですが、旧家とその分家で占められ、先祖が御家人よりの昇格家と、昇進した当人はいません。幕末には先祖の昇進家もあり、最幕末には昇進した本人の任命もありますが、原則は旧家の重要役職です。

【御使番】

戦時体制では重要な軍職ですが、それ以降も、重い布衣（二段布衣）・五位に昇進する役職で、特に有能な人は御目付に昇進します。従って御目付と同じく旧家の役職でした。

【御先手頭】

寛政十一年には十九人中一人のみ先祖が昇格家で、十八人は旧家です。当職は御目付・御使番ほど旧家主体とはいえませんが、千石以上は十二人で、役職業務以外各大名家の「御頼みの旗本衆」とされ、幕府との事前打合や報告同行などを勤めるため、由緒ある旧家の人が任命されていました。この役職のなかから一人が「火附盗賊改」に任命され、俗に「加役《かやく》」と称されます。町奉行とともに江戸の治安維持にあたるのです。

反面、御勘定や広敷などの役職は、九割以上が昇格家で占められていました。

経済に明るくないと……

ところで、いまの俸給生活者に比べ、当時の旗本の殿様には経済知識が必要で、米・通貨の相場に詳しくないと、生活設計ができませんでした。

当時の三百俵前後の歴々の旗本家でも、蔵宿で俸禄を年三回にわたり受け取るとき、食料のほか若干の玄米と、幕府公定換金表によって金貨で受け取ります。若干の米や手持ちの金貨を銀貨・銭貨に換えるときは、両替商に換算価格を問いあわせ換金します。三百石の場合は、収納玄米の約五百石を、飯米の他は知行地で換金させて収納します。

飯米は、玄米を自宅で下男に搗かせるか、家族・使用人の多い家では市中の米屋に委託し白米にします。

玄米も取引所で、産地の銘柄・日々の値動きで価格が違い、貨幣も金貨・銀貨・銭貨、時には地方では藩札が加わり、相互に金建て・銀建て・銭建ての相場が、時々刻々かわります。

もし借金があると、今と違って年利一五パーセントの高利が水準ですが、金利表示が違っていました。

江戸では月に金一分（一両の四分の一）の利息で、いくらの元金を貸すといいます。大坂は銀一貫匁に月利何匁という現代風です。

江戸では「一分に三十両」とすれば、元金三十両に月金一分の利息、年に金十二分＝金三両で、年利一〇パーセントで安い方です。一般的には「一分で二十両（年利一五パーセント）」、「一分に二十五両（年利一二パーセント）」と表現します。これが標準金利で、今の経済規模に比べると高いものでした。

貨幣は、

金一両＝金四分＝金十六朱

銀千匁＝一貫目

銭千分＝一貫文

で、その目安は、

金一両＝銀六十匁＝銭六貫文

ですから、

金一分＝銀十五匁＝銭千五百文
銀一匁＝銭百文

と頭に入れておきます。銀で借金していると、

銀十貫匁＝金百七十両

と、この銀建て換算がいちばん厄介でした。

ついでにここで通貨としてではなく武家のあいだで儀礼用に使われた大判金・白銀と、銀貨であって金貨の範囲で使われた二朱銀について記しておきます。

【大判金《おおばんきん》】

庶民の使用は禁止され、大判金を拝領した武家は、市中の両替屋で換金しました。献上用の大判金は、大名・旗本とも両替商から入手します。各目は金十両と墨書しますが、金の含有量から七両二分とされています。しかし意外にも両替商での売買は、市中価格で二十両から四十両近くしており、稀少価値が加えられていました。小判と違い純度は低いのですが、享保・天保大判金は慶長のものと同一規格（金品位六七・五パーセント、重さ一一二・九グラム）です。元禄大判は純金率が悪く、万延大判は小形なものになっていました。

【白銀一枚《しろかねいちまい》】

「しろかね　一まい」とも書き、儀礼用の貨幣です。白銀一枚は銀貨四十三匁（一六一・二五グラム）です。しかし不思議なことに、銀の通貨は丁銀《ちょうぎん》で重量四十匁前後でした。重量不同のため銀での決済は、両替商で計算し不足は別の小粒という数匁のものを付け加えました。進献用に丁銀に小玉銀をにかわで糊付けして四十三匁にした「常是《じょうぜ》包《づつみ》」という紙包封印のものも現存しています。

【金百疋《きんひゃっぴき》】

武家の祝儀用の呼称で、金百疋＝金一分、金五百疋＝金一両一分でした。理由は一疋は銭十文で、幕初金一両＝銭四千文だった時の換算によります。のち代金一両が銭六千文前後になっても、約束事で金百疋＝金一分に決められていました。市中庶民の間では銭百疋を銭千文とし、銭二十疋は銭二百文と、武家の金百疋と庶民の銭百疋は違っていました。

【二《に》朱銀《しゆぎん》】

銀の貨幣ですが、安永元年（一七七二）につくられ金貨の単位を与えられました。二朱ですから金一両の八分の一ですが、純金・純銀のバランスに関係なく価値を付与されました。初めは銀含有量が二割余劣りますので敬遠されましたが、型が大きく財布の存在感もあり、意外に歓迎されるようになりました。別称「南鐐《なんりよう》」と呼ばれ、一枚七百五十文にあたり、重い銭貨より軽便に懐中に入れられました。

腰にはいつも名刀正宗

家計の豊かな家は、代々の当主が心がけよく、家風を守っても、貨幣の価値の変動・生活の華美化から、なかなか数少なく限られています。しかし、中堅級の代々の当主の中から能力のある人も出て、重職に昇進し家運を盛んにすることも、低禄でも理財・渉外に長じ、役徳の多い代官・勘定・奥右筆・広敷関係に登用され、裕福になる人もいます。

寛政十年（一七九八）末の旗本五千百五十八家の中に、御家人より旗本に昇進した家は、目下の調べでは千百四十七家の多数にのぼります。そのなかから実収の多い役職についた人は、自邸の買い換え、具足を二領、邸にふさわしい家具什器骨董品などの充実に心がけます。

そのような人は、惣領も相応の役職にもつけ、退職して足高がなくなり百俵以下の家禄だけになっても、孫の代までは心配のないように心がけます。反面、由緒ある旧家でも、借金生活になると、借地・宅借り生活の一歩手前です。

豊かな旗本家といっても、いくつかの型があります。その型と該当する家々を、いくつか実名を挙げて列記してみます。

【幕初以来裕福な家】

佐藤家（三千二百石）

第三章や第六章（「墓参りと入鉄炮」）でもご紹介した高禄の家です。

系譜は源義経の臣、佐藤忠信《ただのぶ》の兄継信《つぎのぶ》の後代とする旧家で、美濃国伊深村（現美濃加茂市）城主、信長に属し美濃の諸合戦に従い、本能寺の変後、秀吉に付属（知行禄記載なし）。佐藤堅忠《かたただ》が徳川家に属し上杉攻め・関ヶ原合戦に従軍。その子継成《つぐなり》が慶長十五年（一六一〇）に旧領の伊深の地を千石として下賜され、元和三年（一六一七）大和・摂津・近江にて加増。三千二百石の寄合として、幕末まで小川町表猿楽町に住みます。

伊深村旧領千石とし、幕末の『旧高旧領取調書』には千三百石としますが、古く蜂須賀・坪内家などのような、小豪族として自立しており、実収の多い知行地とみられ、上方三国の二千二百石も上方の実収の多い土地とみます。

佐藤家の裕福な話が、『元禄世間咄風聞集』（岩波文庫）という、元禄七〜十六年（一六九四〜一七〇三）の間の江戸巷間噂話の本に出ています。この本は武家の実話も多く含まれ、某大名の家臣が話を取材し、一まとめの書として主君に提出したものといわれます。要件を簡単に紹介します。

元禄七年、五代佐藤重信《しげのぶ》は分家の水戸家家臣（八百石）より婿養子に入りました。家督時七万両の金があり、五万両は御用の時の金として封印し、二万両は重信の遣料《つかいりょう》とされました。さらに屋敷（町屋敷か）も多数あり、知行の収納は一代の間使いませんでした。

佐藤重信は、中間を手討にしました。一太刀で二人を討ちました。ふだんの差料は正宗の名刀で、金二百枚（二千両）の折紙付の名刀です。知人たちは「不断（普段）差には、惜しいこと」と申すと、「常に差していないと用には立ちません」と答えていました。

この屋敷多数は、後代の『諸向地面取調書』（安政頃）にはありません。私有屋敷は家族、家臣の名義にして報告します。あるいは後述のように出入町人の名義にしてあったのかもしれません。

いずれも少し過大ですが佐藤家の裕福さが紹介されています。三千二百石の旗本家では、知行地の実収が多かったとしても、説明できません。また、「家譜」には、多くの屋敷の記事はありません。

子孫の佐藤任宏《たかひろ》氏は、

「二代継成・三代吉次《よしつぐ》の二代は、普請上手の才能があり、元和初年（一六一五）より寛文十年（一六七〇）ころまで、幕府の普請請負などをつとめたことが原因か」

と説明されました。『寛政譜』には、各所の普請や普請奉行を勤めるとありますが、幕初の役職は代官のように、後代の組織の役職ではなく、自分の家臣や雇人を使っての請負的な職責でしたので、説得力があります。

筆者は、知行地の豊沃さだけでなく、

「失礼ですが美濃の小豪族として出陣するときは、数日間の費用と万一敗戦時には落ち延びるため、当主や重臣は相当な黄金を腹に巻いて出たはずです。幸い勝軍《かちいくさ》の時は、敗者のどこに資金があるかがわかっており、土民たちの出廻るまでに戦利品として取得したことが、当時の常識と推定しています」

と申しました。主君身辺の旗本より、遊軍的な小豪族の方が、勝てば裕福になりえたのではないでしょうか。酒井忠勝が旗本たちに、「乱世は思いの外なる得物などあれど」と、言っているのはそのことを意味していると思っています。

さらに佐藤任宏氏からは、

「史料は古くに焼失していますが、当家は元禄以前から猿楽町に移住していました」

とのお話をうかがいました。

幕末期の幕臣住居移動の激しさに驚いていた私には、常識外の指摘でした。幕末においては出世してくると御城の近くに住み、役職から離れると郊外に移ることがふつうであり、それはほとんどの家に適用されるものと、簡単に考えていました。

しかし『江戸城下変遷絵図集』（第八章後述）を調べてみると、たしかに駿河台・小川町・愛宕下・番町には、古くから同じ邸の家が意外に存在するのです。

佐藤さんに、

「御家は裕福な御家筋だったのですね。旗本は二百余年の歴史の中で、不幸にも多くは家計不如意になり、お城に近く広い屋敷を、郊外の狭いところに相対替して、差額で借金を返します。旧邸を保持していることは、安定した家ということです。三千二百石の御家で、駿河台千九十三坪は少ないようですが、古い時代に一部収公されたのかもしれませんね。もっとも高禄で屋敷地の狭い家には、斎藤家（六千石・春日局の系）が、本所猿江に千二百七十五坪とか、虎ノ門の奥田家（三千三百石）は九百八坪の例もあります」

と申し上げたものです。

斎藤家

その斎藤家は、宝永六年（一七〇九）に関東近郊の地六千石を、近江国栗太・野洲・蒲生郡にまとめられ、幕末まで知行していました。春日局の実家で、その縁で幕臣として厚遇されました。

『寛政譜』の大名市橋家の項に「近江国は豊熟の地なり、厚く恩賜を拝すべきむね」（近江仁正寺二万石の再賜）とあるように、近江は豊かな知行地です。

祭祀継承者の坪井三郎氏に、

「斎藤家は裕福な御家でしたか」

とお尋ねしましたが、

「維新以降の急変で家の史料も少なく、知行地での文書では高い収率とありますが、裕福な証拠はないのです」

との返事で、幕末の混乱を知るのみで、多くの幕臣と同じく史料不足の実状を感じました。

偶然『藤岡屋日記』（五―五九八頁）に、「……近江国栗太・野洲二《ママ》郡の内にて六千石賜り内福にて……」の一文があり、市中では斎藤家の内福が知られていたようです。

五島家

肥前五島列島の福江の大名五島家には、明暦元年（一六五五）に分知した交代寄合表御礼衆三千石の旗本がありました。

初代盛清《もりきよ》が分知のときに、本家当主盛勝《もりかつ》は幼少のため盛清が補佐をしており、知行三千石以外の漁業権も、有利な所を分家領としたといいます。それゆえ実高一万石といわれ旗本では裕福な家でした（『富江町郷土誌』）。

さらに後代、運竜《ゆきたつ》は家斉公の御側衆を勤め、足高二千俵の加給の上権勢強く、多額の余収がありました。しかし家斉薨じて後、水野忠邦の粛清をうけ、今までの蓄財を没収されました。

摘発の理由は町人名義で土地を所有し、さらにその土地を町人に貸して地代収入を得ていたことでした（第八章「地代収入を得られるのは拝領町屋敷だけ！」の項参照）。

　天保十四年（一八四三）七月二十八日　其方儀、町人等名前にて、町地面所持致し、町人共へ貸置候趣相聞（地代収入を得る）、勤柄不束之事に被思召、依之御役御免、……所持之町地面不残被召上、差控被仰付候

とされ、町地面三十余ヵ所を取り上げ没収になりました（『藤岡屋日記』二）。

余談ですが以降、養子が続き、維新時三千石の表高では華族にもなれず、本家の従属となり、創立時の漁業権を本家に取り上げられ、悲運がつづきました。

長崎奉行二千両

幕府重職の老中・若年寄・奏者番は持ち出しの多い役職で、実際に就任すると藩財政を圧迫するものです。それでも大名は重い御役につきたく、台所を案ずる家臣の反対をうけます。

若年寄一人欠員になると、十人以上の大名が推薦運動に走るといわれます。寺社奉行だけでなく奏者番でも、経費増大もあり、一、二万石の大名ではとても勤まらないといわれています。しかも役得によって運動費が回収できるか、いたって疑問です。

旗本でも定火消や火事場見廻のような出役《でやく》は、明らかに出費が多く迷惑とされ、内福の家に対し申し付けられるといわれます。寄合三千石以上の家には、江戸城門番のような「御奉公」もあり、家禄をうける以上「御奉公」は当然の義務ですが、武家経済が弱化してくると、使用人を減らしても大きな負担になります。

その一方で「長崎奉行二千両、御目付千両」という俗語があります。長崎奉行は千石高役料四千四百二俵一斗という、半端な手当と貿易の利潤の余徳があり、その奉行一代で財産をつくるといわれています。随従する家来たちにも分け前があります。近隣諸侯からの付届もあり、就任運動費を権門（実力者）に贈っても、採算がとれるということです。

御目付は厳正な職務ですから疑問ですが、諸大名よりの金品の付届や、将来の栄進も見込むと、運動費の価値があるのでしょう。

両者とも両番・大番からすすむ、旗本の歴々の人々でした。

役職や人事をめぐる俗語や隠語はいろいろあります。たとえば、

・下《しも》三奉行……作事・普請・小普請の奉行。
・富士天《ふじてん》……広敷番之頭の転役先の富士見宝蔵番之頭、天守番之頭への左遷。
・禁仙駿《きんせんすん》……御目付の転役先の禁裏附・仙洞附・駿府町奉行への左遷。
・二段布衣《にだんほい》……御目付は布衣であるが、原則御使番のほか御徒頭・小十人頭の布衣から転ずる、重い職になることをいう。

などがあり複雑でした。

御側衆・御納戸頭取のような、将軍側近役は各所からの付届が多くあります。書院番頭・小性組番頭のような役職は喜ばれる御役か、迷惑の御役かわかりません。

また、職務の経費補助をうけ豊かな代官、町人たちの出入する細工頭・賄頭、大名から挨拶のある奥右筆、大奥からの下され物の多い広敷役職は、能力も必要ですが、裕福になれる役職でした。

ここから陽のあたる役職者の具体例を挙げてみます。

【小納戸頭取】（役職千五百石）

平《ひら》の小性は五位で将軍家の近侍、小納戸は布衣で小性の補助役です。しかし頭取になると、小性の頭取は単に世話役、小納戸頭取は権威のある職務と逆転します。
御側衆（五千石）の間に入って中奥《なかおく》の指揮を取り、将来は御側衆か行政の重職にも栄転しますので、あまり役得に励みませんが、家斉の大御所時代は、中野石翁《なかのせきおう》など権勢を振りまわす人物があらわれました。
そのうち美濃部筑前守茂矩（家禄八百石）は、小性組より小納戸となり、
天保四年　（一八三三）　頭取格
八年　（一八三七）　頭取奥之番元掛

十二年（一八四一）新番頭格（二千石高）頭取と、家斉側近として林忠英、水野忠篤、中野石翁とならんで権勢を振るいましたが、家斉の薨後に失脚し、家禄五百石に減知、急度慎《きつとつつしみ》、小普請入（寄合でなく格下）となりました。つづいて甲府勝手に左遷をうけ、一転して悲運の身になりました。

さらに弘化二年（一八四五）甲府で自家出火となり、はからずも蓄財の一部が公開されます（『藤岡屋日記』二）。

大番三十枚（九百両くらい）、小判他七百両、家財、衣服、貴重所持品多数

内容の正確性は問題がありますが、役職による裕福さが知れます。

付記として水野忠篤の次代も甲府勝手小普請入しており、その時の火事見舞品も記載されております。両家とも間もなく江戸に戻り、しかるべき役職についています。

【奥右筆組頭】

平の奥右筆にも大名家よりの付届のあることは鳥居家のところにも記載がありますが、組頭ともなると法令・制度の先例古格など、老中からの下問に対応しますので古くより権威があり、長期勤務・加増・老年転役の優遇職などの褒賞もありました。

よく引用される『五月雨草紙』（『新燕石十種』）に、船橋勘左衛門（文政十一年〜天保四年［一八二八〜一八三三］在職）が八百膳の贈答用食事小切手の額面が五十両と驚く話がある

くらい、大名各家からの付届の多さの例証とされています。

大沢弥三郎（文政八年〜天保十二年［一八二五〜一八四一］）は、有能な役人で十六年間も奥右筆組頭にあり、家禄百五十俵より五百石まで加増されました。五島・美濃部家と同じく、家斉薨後に町屋敷十七ヵ所を取り上げの処罰をうけました。『藤岡屋日記』（二）には、

其節之（市中）評判に、蔵に金を沢山積込し故に、蔵かしぎたるよし

と書き加えてあり、蓄財の多いことを暗示しています。

【代官】

拙著『お旗本の家計事情と暮らしの知恵』（つくばね舎）に、詳述しましたが、『江戸幕府代官竹垣直清日記』を引用したなかに、岸本就美・荘美の代官父子がよく出てきます。代官所手代から御家人・旗本に昇格した就美は、竹垣父子とも親しい代官でした。就美の孫直道が、竹垣直清の養子に入りましたので、大名丹羽家の血統である直清は、知識人の実力で岸本家の新旗本としての家庭整備に力を貸しています。

駿河台小袋町三百四十坪余、神田元誓願寺前二百坪（陪臣医師に貸）

立派な旗本になるには、まず拝領屋敷の入手から始まります（第八章参照）。ふさわしい家具家財、役職にふさわしい所持品、武家として必要な具足の手当、岸本家は三十両、五十両の金を竹垣家に預け置き、直清の目利きによって骨董類の買い付けをまかせています。寺西・布施・中村（八大夫）・男谷等の代官衆が、直清の骨董買付・交換の世話になっています。

直清自身も、文化十四年（一八一七）には妻名義で横山町に、二千二百両で町屋敷を買入れ、地代収入を確保していました。

中村八大夫は、『藤岡屋日記』（三）に「本所御代官中村八大夫殿は、内福にて道具好《このみ》」と書かれているように、随筆類にもいくつか裕福・道具好きの記事があるようです。

【広敷用人】

小松重男氏の『御庭番の経済学』は、『川村家文書』を基に、当主脩富が賄頭より広敷用人に出世した前後の、拝領金・品・道具類等を紹介しています。

将軍の御台所・側室方・高級女中方の住居である大奥は、男子の広敷系の役人が管理・建物改修を受け持っています。大奥では儀礼が多く、担当の少数の広敷関係役人に「下され物」が頻繁にあります。「金三百疋（金三分）」とか「銀何枚」や諸道具などが下賜され、いただく方は年間多額のものになります。

同じく大名家に入輿された姫君には、「姫君用人」など幕臣が付属され、これも姫君や婚家の大名家よりの「下され物」があります。

世間には記録好きの人もあり、大谷木醇堂の『醇堂漫録』(『随筆百花苑』)には、祖父藤左衛門が、水戸家姫君付用人だったとき(天保十五年～嘉永五年〔一八四四～一八五二〕)の「下され物」(小判に直し九年間で七百両。他に物品下賜が加わる)が詳細に記載され、当時の広敷関係役人の臨時収入がよくわかります。

贈り先のあの人

江戸時代が「付届社会」だったことは紛れもない事実です。それは大名の将軍に対する贈り物からはじまって武家社会の隅々にまで及んでいました。

ただ、近世の幕臣への付届、すなわち祝儀・挨拶料などは賄賂とはまったく異質なもので、現代のわれわれの感覚からはなかなか理解されにくいものです。

付届は一両前後、最低は金百疋（四分の一両）で公衆の面前で授受します。賄賂は（あたりまえですが）こっそり人知れず何十両の贈り物として分けておき、あとで届けるものです（御家人でも勘定奉行の下の普請役〈土木工事現場管理者〉には、土木請負から賄賂が行われています）。

「付届の多いのは町与力・町同心である」というのは歴史・時代小説ファンの「常識」だと思いますが、その中から配下の人の生活をみなければならず、いわば必要経費です。役

職としてきわめてうま味があるのは、前項でも触れた、

・広敷《ひろしき》（大奥関係）
・賄《まかない》
・台所
・細工
・納戸（物品）
・奥右筆

などです。こうした仕事にはお上からの下され物や、現業と納入業者とのつながりの多いところです。このことは幕臣では公知のことで、役得の多い役職と少ない役職ははっきりしておりました。

役得の多い役職は、算勘の達者の人、対人関係の上手な人、大多数は御家人から旗本に昇進した人や、その子孫によって占められていました。一方、由緒ある本来の（三河以来の）旗本の人は、大多数が大番・両番を生涯勤めています。余得どころか持ち出しばかりで、振る舞いやいじめに苦しみながらも、それが御奉公とあきらめていた人たちといえましょう。

くりかえしますが、役得の多い役職と番士のあいだにこれといった争いごとがないのは

不思議なことです。ある意味「武士は食わねど高楊子」は本当のことだと思います。

話を町与力・町同心に戻します。町与力・町同心は江戸勤務の陪臣、町方の犯罪を担当しますので、諸大名からは「日頃の厚誼」に対して、町方では「微罪の御目こぼし」を願って各家で決めている与力・同心に付届をしました。大店にしてみれば小さい事件で町奉行所にたびたび召喚されてはたまりませんから。

江戸の町は与力五十騎、同心二百人で管理されていました。当然人手不足であり、自分の配下を自費で抱えなければなりません。付届の金は町奉行所への管理費提供であり、それを奉行所を経ずに直接現場が受け取ったものと解釈され、また周囲もそのように見なしていたのでしょう。ですから彼らは付届を公然と受け取り、時によっては受取書を出したといいます。

与力は年収八十両くらいにかかわらず、俗に「与力の年収三千両」といわれるくらい付届が多額だったとされますが、各家が五十の与力の家すべてに付届をしていたわけではなく、おのおのに心頼みの家が何軒か決まっていますので、それほどの額にはならなかったと思います。しかし三千両といえば、家禄八千石以上の大身の総収入ですから過大と思われます。

さて、贈り物をする目的とは何でしょうか？　まず情報収集です。江戸城中だけでなく、町政・地方行政・法制などについての重要情報を事前に勘定奉行や奥右筆から知ることができるよう、ふだんから絶えず心配りをしておかねばなりません。

また、藩主の官位が上になるようにとの運動、そしてめでたく昇進したときの御礼もあります。こうしたしだいで各藩の御留守居役などの大名家臣にとって、幕府の「しかるべき筋」への付届は必須でした。

それでは現実はどうであったのか。正確な史料をご紹介いたしましょう。

その名は「年始・暑気・寒気・歳暮・雁拝領申合」（『公儀勤方集』柳沢文庫保存会刊）。大和郡山藩柳沢家の家臣たちが先例古格をまとめた、いわば付届をする側の極秘マニュアルです。これは同文庫の堀井壽郎氏が、今では顧みられない史料をあえて活字化して後世の学術のために配慮された貴重なものです。これに基づいて作成したのが三三六～三三七ページの表です。

もうひとつは、小倉藩主小笠原忠苗《ただみつ》が寛政三年（一七九一）十二月、四品（従四位下）に昇進した際の各所への付届の記録を表にしたもの（三三八～三三九ページ。「豊前叢書」による）。

二百六十余家の大名は、必ず従五位下〇〇守となります。その中の五十家余は官位特格

役職	人・付届		役職	人・付届		役職	人・付届	
(表)坊主組頭西丸共	10	金300疋	(表)坊主組頭	?	晒布2	(表)坊主組頭西丸共	10	金500疋
(表)坊主(別段出入)	5	〃500疋	(表)坊主(別段出入)	5	晒布2	(表)坊主(別段出入)	5	銀2枚
(表)坊主(出入)西丸共	14	〃300疋	(表)坊主(出入)西丸共	?	晒布2	(表)坊主(出入)西丸共	16	金300疋
(表)坊主(出入並)	3	〃300疋	表坊主(出入並)	?	晒布1	(表)坊主(出入並)	3	〃200疋
			玄関番世話役	?	晒布1	玄関番世話役	2	〃200疋
玄関番(出入)	19	〃300疋				玄関番(出入)	19	〃200疋
玄関番(出入)	17	〃100疋				玄関番	17	〃100疋
玄関掃除(者)	6	〃100疋						
						中之口世話役	1	金200疋
中之口上下番	37	金100疋				中之口上下番西丸共	37	〃100疋
						勘定所小夫	9	〃100疋
			百人組与力(出入)	?	金500疋	百人組与力(出入)	8	金500疋
			〃同心(出入)	?	〃200疋	〃 同心(出入)	11	〃200疋
			町奉行与力(出入)	?	郡内平2	町奉行与力(出入)	2	〃300疋
						〃	1	生絹一疋
						〃 同心	2	金200疋
火之番組頭	3	金100《ママ》疋						
火之番	1	金200疋						
						(下座見)	2	金200疋

諸役人付届表　郡山柳沢家　15万石余　　柳沢文庫保存会刊『参勤交代年表』『公儀勤方集』

宝暦9年7月参府時		宝暦11年参府年暑気見舞		宝暦11年参府年寒中見廻	
役職	人・付届	役職	人・付届	役職	人・付届
		老中(心易)	5　越後縮3	老中(心易)○	3 羽二重3疋
		老中	2　〃	同(別段懇意)○	1 郡内縞3疋
				御側御用人	1 鴨2
		大目付(用頼)	1　郡内平2	大目付(宗門方)	1 生絹　2疋
		勘定奉行(道中掛)	1　〃　2	勘定奉行(道中方)	1 〃　2疋
		同(宗門方)	1　〃　2	同(宗門方)	1 〃　2疋
		留守居	4　〃　2	留守居(用頼)	1 〃　2疋
		町奉行	2　〃　2	町奉行	2 〃　2疋
		目付(用頼)	2　〃　2	目付	2 〃　2疋
		先手頭(用頼)	3　〃　2	先手頭	2 〃　2疋
		奥右筆組頭(用頼)	1　銀3枚	奥右筆組頭	1 酒
		奥右筆(用頼)	1　〃3枚	奥右筆	1 鴨2
		表台所組頭(以下・用頼)	1　郡内平2	表台所組頭(以下)	1 金300疋
徒目付組頭西丸共	5　金300疋	徒目付組頭	?　晒布2 金300疋	徒目付組頭	3 〃800疋
		同上西丸	?　晒布2	同上西丸	2 〃500疋
徒目付(出入)西丸共	5　〃300疋	徒目付(出入)西丸共	?　晒布2	徒目付(出入)西丸共	5 〃300疋
小人目付(出入)	6　〃200疋	小人目付(出入)	?　金200疋	小人目付(出入)西丸共	6 〃200疋
小人組《マ》頭《マ》	?　〃200疋	小人頭	?　晒布1	小人頭(出入)	1 〃200疋
		(表)坊主組頭(出入)	1　〃　3	(表)坊主組頭(出入)	1 〃300疋 銀3枚

役職	人	付届
小人目付(立入)西丸共	10	金200疋
小人目付	76	〃100疋
玄関番(立入)西丸共	7	〃200疋
玄関番本丸	21	〃100疋
中之口番(立入)西丸共	3	〃200疋
中之口番本丸	30	〃100疋
本丸長屋門番(立入)	1	〃200疋
本丸長屋門番	22	〃100疋
御使組頭	4	〃100疋
御掃除之者	1	〃300疋
勘定所同心(立入)	1	〃100疋
請方肝煎同心世話役(立入)	1	〃200疋
請方肝煎同心(立入)	2	〃100疋
本丸湯呑所者	10	〃100疋
下座見	1	〃200疋
大坂御船手	3	銀1枚
長崎在地奉行	1	〃1枚
東京叙任公金		約30両
江戸将軍献上		太刀・紗綾・金馬代10両

費用概算
(従四位叙任　約400両)
(お金の換算法)

- 金10両とあるのは黄金1枚のこと
- 黄金1枚は大判1枚で墨書で10両と書いてある
- 大判は市中両替商で求め、1枚25両前後で取引される
- 金100疋は約束事で金1分のこと、500疋は1両1分のこと
- 銀1枚は金0.7両の価値に当たる

官位昇進諸役人に心付
小笠原(小倉15万石)忠苗従四位下寛政３年12月６日

役職	人	付届	寺社奉行	4	銀一枚	徒目付組頭	3	金500疋
所司代	1	金10両	留守居	4	銀１枚	徒目付(出入)西丸共	5	〃300疋
京都町奉行	2	銀２枚	大目付	3	〃１枚	徒目付	45	金200疋
禁裡附	2	〃２枚	町奉行	2	〃１枚	(表)坊主組頭(懇意立入)	2	〃500疋
仙洞附	2	〃２枚	勘定奉行	5	〃１枚	(表)坊主組頭	5	〃300疋
大坂城代	1	金10両	作事奉行	3	〃１枚	(表)坊主(格別懇意)	2	〃500疋
大坂定番	2	銀１枚	普請奉行	2	〃１枚	(表)坊主(懇意)西丸共	7	〃300疋
女中　老女	5	銀２枚	目付	10	〃１枚	(表)坊主(手伝立入)	16	〃200疋
表使	5	〃１枚	西丸目付	6	〃１枚	百人組与力(立入)	5	〃200疋
老中	6	金10両	奥右筆担当	1	金3,500疋	同　同心(立入)	5	〃100疋
若年寄	4	銀５枚	奥右筆	1	〃2,500疋	町奉行与力(立入)	7	〃200疋
御側衆	6	〃３枚	先手頭(用頼)	2	銀１枚	同　同心(立入)	8	〃100疋
高家肝煎	3	金500疋	同朋頭	1	金300疋	火之番組頭	3	〃200疋
奏者番披露	1	金500疋	屋敷改	1	金300疋	火之番世話役	2	〃100疋

家であり、一代のうちに、さらに二〜三階昇進します。そのたびに各家では「その筋」に御礼や祝儀などの付届を出すわけで、しかもこれは初御目見・家督相続・参勤交代など節目節目に将軍家に献上をするときも同様なのです。

贈る側からすれば、官位の重さや儀式の重要さによって、祝儀の付届の額や贈り先の範囲などを調整するのが一苦労ですが、貰う側にすれば平均しても年に何回もさまざまな贈り物が届くわけで、有力な役職についた実力大名・旗本の得るものは莫大なものとなりました。

二家の史料をながめていると、用語がとても面白くかつ生々しい。

老中……心易《こころやす》と別段懇意《べつだんこんい》
留守居・目付・奥右筆……用頼《ようだのみ》
徒目付・坊主……懇意出入《でいり》、格別懇意、別段《べつだん》出入、出入、立入《たちいり》

表現の違いはあるものの、贈り先のランキング（重職の人・旗本・御家人）が示され、幕臣と大名家の間で特殊な関係が結ばれていたことがよくわかります。

ところで、諸大名の家臣がいちばん重視したことは何でしょうか？

それは江戸城中で主人が恥辱をこうむらないようにすることでした。赤穂事件ではありませんが、御家断絶につながることさえあるのですから。

そういったことのないよう、江戸城の玄関周辺にいる人びとや、殿中内の世話をする人に嫌われないようにすることも大事なことでした。やはり、付届は欠かせません。

こんな話があります。

御徒目付組頭の古参の小野伝左衛門は、他職で旗本昇進のチャンスがめぐってきました。稀なことです。しかし伝左衛門は、

「新しい職で苦労するよりも、年収七十両（二百俵）とはいえ、その十倍くらいの余得がある今の職のほうがいい」

といったそうです。

第一章の「出自さまざま」の項で、幕臣の出世コースとして、

御徒→御徒組頭→支配勘定→勘定

があり、かつ庶民が御家人株を買って幕臣となり昇進していくことが多いと述べましたが、御徒の役目は、戦時には大番・書院番などとともに将軍の旗本に備え、平時は江戸城の玄関や中之口などに詰めることです。したがって諸大名としては、その指揮をする御徒目付の心証を良くしておきたかったはずですし、右のエピソードはそのことを裏付けるも

のでしょう。

徒目付のほか、江戸城玄関付近には百人組与力、長屋門番、小人目付、御掃除之者、御小人、玄関番などがおり、御殿内では火之番、表坊主、湯呑所者たちがおりました。

御坊主は殿中の内部に詳しいので、各大名からの付届が多くありました。幕府の法令に御坊主の生活・態度に関する件があるのもそのためでしょうか。御坊主の家計は概して豊かで、茶の湯そのほかに通じていて、彼らの住む下町の文化人でもありました。

また、折々にその大名の邸に伺い、部屋の調度を褒めて、心付の金一封のほかに頂戴していたといわれます。ですから大名のほうでも御坊主の通る部屋には値打ちの品をおかない用心をしたという落語のような話もあります。

ところで、特定の人へではなく、その御役の全員への祝儀がきた場合はどうするのでしょうか。それは受け取った人が前例のとおり貨幣を細分化して分配するのが原則です。ちょっとケースは違いますが、たとえば関所の役人は、通行した大名が心付においた「銀一枚」を銀から銭に換金して、同役数人と分配します。銀一枚は四十三匁ですから一匁が百文として銭四千三百文。同役が五人なら八百六十文（または銀八匁と銭六十文）ずつわけることになります。

旗本の年収は今なら何万円？

俗に米一石＝金一両といわれます。そこで多くの読者は、金一両を今の何万円かに置き換えて、昔の物の値段や大名・旗本方の収支を推定することを好むようです。そうすることで江戸時代が現在に近づき、興味を持ちやすくなるでしょう。
しかし、そうした比較には、落とし穴が多いと思います。
たとえば、金や米の現在単価と昔の価格の比較から旗本の家計の類推はできます。金はいま一グラムが千三百円くらいとして、当時の貨幣の純金重量を調べれば一両の価格は割り出せます（しかし長い近世では、時代がくだるにつれて小判の品位が劣化していると いう問題があります）。しいて換算すると、元文（一七三〇年代後半）から文政はじめ（一八二〇年代前半）まで通用した元文小判一枚の純金量は八・五グラムですから、
一両＝一万千五十円

となります。

米は自由価格がありますので、六〇キログラムをおおよそ一万五千円とみて、一石＝一五〇キログラムですから、

一両＝三万七千五百円

という数字がはじきだせます。

ここに昔と今の純金価格・純銀価格の相違を加えて上乗せしなければなりません。おおよその数字ですが、日本の近世において金は銀の十倍の価値であり、当時の西欧の十六倍という数字に比して、日本の銀貨は高いものでした（現在は七十倍に近い差があり、銀貨が安くなっています。これは、生産量・コスト・需要量の関係から変化したとみています）。

以上のように金と米から一両＝一万円〜五万円と求められますが、一両五万円とすると蔵米取りで二百俵の武士は年収七十石ですから三百五十万円、一両十万円とすると七百万円ということになります。

知行三千石の旗本だから、一億五千万円の収入があった式の説明もありますが、これは大きなまちがいで三千石は農地の生産高で、収入は一千五十石（三五パーセント取り）で、一両五万円として年収五千二百五十万円です。

やはり乱暴な数字です。

とくに注意しなければならないのは、再三記したように、武士が受け取る米は白米ではないことです。悪い換算の例では、昔の相場が玄米の卸建値であったことに気がつかず、米を二〇パーセント搗減りした白米ととり違えています。事もあろうにスーパーの五キログラム白米の小売値で計算して、武士の年収を三割くらい高く計算しているのです。

もう一つ。なかなか信用してもらえませんが、武士は家禄相応の使用人を雇います。九十五俵（玄米三十三石二斗五升）の御徒でも、男女二人の使用人がいました。

年収の玄米三十三石を、玄米一石＝金一両＝五万円で換算しますと、百六十五万円の収入で、男女二人に食・住を負担して四両＝二十万円を払っていたことになります。

御徒の年収百六十五万円は今からみれば少なすぎますし、衣食住は主人持ちにしても、男女使用人の年給が二十万円というのは少なすぎます。やはり現在と近世の比較に無理があるのです。御家人の御徒でも、使用人二人を使う面子がある、それが近世の武士なのです。

家にはお手伝い一人でよかろうとは今の考えで、近世では高三千石に相応の役職用使用人と家政用使用人を数人と、二本差の士と木刀差の小者十数人と、女中方を数人雇用しなければなりません。

高級旗本は思いのほかの人数を、実務と体面上必要としました。

百三十余年前の近世はあくまで近世であり、現代とはちがいます。当時は説明を要しない常識が、いまでは通用しないことも多いのです。咀嚼していない半端な説明では、意外な誤解が生ずることにご注意ください。

一両を今の何万円かに置き換えるには、あまりにも経済環境が違っています。エネルギー使用の量を考えるだけで、九尺二間の長屋の四人住まいと2DKの四人家族を同格として比較することに無理があることはおわかりでしょう。私は一両＝五万円で所得をみます。少ないように思われたら一両＝十万円にかえてみます。しかしそれ以上の換算は意味がないのでしないことにしています。

三十俵三人扶持の生活

大久保仁斎の安政二年（一八五五）の文書というものが残っています（『史料による日本の歩み近世編』）。これは、家禄三十俵三人扶持の御家人の生活分析です。大久保には拝領屋敷もあり、家禄相応の役勤めもしていました。拝領町屋敷ですから御家人譜代席の人でしょう。

文書の中身はこんな具合です。

私の収入は三十俵で札差料を払って、十両前後となります（引用者註：手数料は百俵以下は不明ですが、百俵＝金一分＝千五百文を換算すると五百文弱でしょう。三十俵＝十石五斗を、金一両＝米一石とみます。以下同）。

このほか低禄譜代席に拝領町屋敷敷地が与えられ、一部を町人に貸して年に金二両の収入があり、三人扶持（大人一日玄米五石とし、年十五俵）は家族の食料にします。

支出は、父母・夫婦・子二人の六人で、三人扶持では不足で家禄より十五俵を売却せず食料にします。

差し引きの現金収入は、十五俵売却の五両と地代収入二両の計七両です。

現金支出は、
①勤役の仲間諸雑費に金一両
②残りの六両で、勤道具・衣服（家族も含）・塩・味噌・薪炭・油・ロウソク・紙筆・贈答・病気・家の修理・家具
の必要支出を充てます。これでも古い昔は贅沢もなく物価安で、若干の遊興費も賄えました。今は節倹につとめても暮しかね、内職をしなければ生活できません。蔵宿（札差）に借金がなくて、内職をしてようやく生活する状況です。もし借金があれば、いっそう家族とも内職に励まざるをえません。

われわれ三十俵三人扶持は、御家人を三段階に分けて「中の上」です。「下」の人びとはどうして暮しているでしょうか。御家人の「上」でも借金が多いと、我々「中の上」より貧乏していると聞きます。

御家人の家禄の高い家は、二百石以上の知行取りや与力の現米八十石という旗本級の人もある反面、『大概順』には牢屋下男一両二分・一人扶持や御小人・六尺の十五俵一人半扶持（二十二・五俵）の小禄もあります。平均年収などは推定もつきませんが、同心三十俵二人扶持・普請役三十俵三人扶持で、年収五十俵以下が標準でしょう。

ところが意外なことに、旗本家の下位にも年収百俵以下、十五俵一人半扶持と、御家人の時の家禄そのままの家があります。拙著『江戸幕府旗本人名事典』にあるように、年収百俵以下の家が三百三十四家あり、その中三十〜五十俵が八十一家、三十俵以下が二十家もあります。『寛政譜』には旗本各家の家禄が記載されますが、家禄九十九俵以下（何人扶持がついて年収百俵以上になる家も含む）は家禄が書いてありません（『江戸幕府旗本人名事典』で補足すると判明しますので興味のある方はごらんください）。

これは本来なら旗本役職に就いたときに家禄百俵に加増すれば生じない問題のはずですが、布衣以上に昇進してはじめて家禄百俵に加増になる内規が最幕末までありました。並の旗本役（『大概順』の布衣以下御目見以上）への昇進では加増は駄目なのです（本章「役料から足高制へ」の項参照）。

そのため勘定組頭（三百五十俵高・役料百俵）くらいまでの出世では、古い御家人当時の家禄のままで、もし当人・子孫が無役の小普請になると、家格は旗本ですが、年収が三十俵前後の低禄の生活に逆戻りとなり、この頃の御家人と同じ生活水準になりました。

このような生活の実態は、勝海舟の父勝小吉の自伝『夢酔独言』の生活で知れますが、同書の小吉は街の無頼の顔役として、何十両もの金を左右しているので読者は迷わされます。小吉の当主だったときの家族や、小吉が隠居し海舟が当主の時の生活は、低収入の厳しいものでした。

このように御家人でも、勤める役職によって、高収入の人もあり、旗本でも無役で内職のため生きている人と、いろいろ格差がありました。

内職には大名・高級旗本の家臣たちがおこない、よく知られたものもあります。大名では「小田原提灯」「米沢織」などの、在所での家臣内職も多くありました。江戸屋敷内でも「彦根の畳糸」「米沢の筆づくり」「榊原の提灯」「立花のろうそく」「板倉の釣糸」「加納大和守家の大和団扇」「米津の籐細工」「中根（五千石）の屋根釘」が挙げられます（この前後は篠田鉱造『幕末百話』、高柳金芳『江戸時代御家人の生活』による）。

江戸の町で集団内職も有名です。
・青山百人町　傘・春慶塗（傘に八〇パーセント従事）
・大久保百人町　植木（つつじ・孟宗筍・しのぶ）
・牛込根来百人町　提灯

・下谷御徒町　朝顔・金魚
・千駄谷の昆虫と虫籠
そのほかに火消ガエンの銭さし（高値で押売）、商品の絵付、小鳥飼育、凧はり、竹細工、羽根細工、草紙や武鑑などの版木彫、などが有名です。

与力衆や御坊主衆には、歌舞音曲の名手や、学問・教養の深い文化人が居りました。皮肉なことに、旗本家の御一新の苦労に対し、手に職のある御家人層は変転に苦労をしなかったといわれております。

第八章　経営者としての旗本

拝領屋敷

現代の感覚では拝領屋敷というと、敷地と建物が下賜されたと考えますが、そうではありません。実際は幕府や主君から土地の占有使用権が与えられ、建物は自費負担になります（一部組屋敷は幕府の建物でした）。各藩は各々不同ですが、転封の多い譜代大名は先住の家を使えます。

といっても実質は所有権であり、幕臣間で交換（相対替）もおこなわれ、屋敷の差額はお金で決済されていました。屋敷の相対替の情報は、親族知人の他に、大名の資料から推定して出入商人などによったものと、筆者はみております。

大名も高級旗本も、詳しい家譜のなかに屋敷所在の変化は記載されています。しかし、その売買の実体は公式の記録には出ず、市中の噂話とか、内々の記録にわずかに出てくるくらいです。まれに各家の藩史のエピソードのなかに、売買の条件・利益の用途・仲介者の介在を知ることもあります。

大名・旗本とも相続時や一定時に幕府が調査をし、所有屋敷の明細を作成しますので、個々には屋敷の変遷は把握されていたはずですが、それらをとりまとめたものはありません。『東京市史稿』市街編に、各大名家の屋敷の幕末までの変遷を追及した労作がありますが、とくに後半異動の激しくなる旗本は史料不足です。

一般論として、役職を退いた人はお城から遠いところに、出世して役職の昇進した人は資金もありますから、お城に近いところに移る傾向があります。番町・駿河台あたりの「切絵図」の変動と細分化の激しさがうかがわれます。

高職への昇進で裕福な人に、家計悪化や退職の人が屋敷を売却する、あるいは旗本への中級の昇進者と、大きい屋敷の細分売却希望者とのあいだで売買で成立していくなかで、幕臣住居の変動や細分化が進んでいったようです。

また、ときには相対替二〜十家くらいを一まとめにした幕府直々の命令もありました。

・将軍近親大名の増地にともなう屋敷返上
・老中・若年寄の役邸移動にともなう屋敷交換
・処罰による屋敷召し上げ交換

などです。

もし幕府の都合で土地返納を命ぜられたばあい、移る先に建物があればとくに問題はありませんが、建物のない土地が下賜されるときは、建物を解体し移動させその費用を幕府からもらうとか、建物を幕府が買い取るなどの方法がありました。

第六章でご紹介しました松平外記刃傷事件で御咎となった曲渕と安西は、良い場所（番町）から郊外（目黒）の不便な屋敷地に移され、建物を移動する費用をもらいました。幕府は公収した土地や建物を一時保管をしていましたので、勘定奉行などの高官に昇進した人には、一等地を与え旧邸は返上させる措置が取れました。

左遷の人が良い旧邸を召し上げられ、ほかの人の召し上げられた不便な邸に処罰として移る事例もあります。

川路左衛門尉聖謨（元勘定奉行）が西丸留守居を御役御免隠居となり、嫡孫承祖の川路太郎が家督します。世にいう安政の大獄で、一橋慶喜を支持した川路は井伊大老ににらまれたのでした。安政六年（一八五九）十二月二日、川路は小石川御門内の千二百坪を家作共で召し上げられ、御側御用取次に昇進した薬師寺筑前守の旧屋敷、六番町五百坪を家作共で孫の太郎に下賜されました（『藤岡屋日記』）。明らかな格下げの屋敷移動です。

御家人でも千坪前後の家も十何家かあり、旗本でも御家人御徒の敷地内をわずかに借地または宅借りして、番士を勤めている人もあります。低禄から出世した人は、相対替として追加金を払い数倍広い屋敷を入手し、さらに勘定奉行級にもなると、幕府が一時保管している御城近くの広い屋敷を、下賜することもあります。

新たに旗本に召し出されり、甲府勤番から戻ってくる無屋敷の人たちは、別途新規に屋敷地（建物のない時もある）を自分で探して申し出ることになっていました。

旗本の屋敷の所有には、百坪以下の半端な物件が多数あります。これは相対替のときに切坪《きりつぼ》（今の分筆）わずかな坪数を残す慣習があったからのようですが、この五十坪前後のものも、実際には他の旗本家臣の住居などに利用されていたとの記述もあります。

拝領屋敷の担当は普請奉行と小普請奉行でした。もし処罰により改易になると、拝領屋敷は上納となり、土地は普請奉行、建物は小普請奉行に公収管理されました。幕末の文久二年（一八六二）には担当が作事奉行に統一されます。これとは別に両番士数人が出役位する「屋敷改」（栄誉の役職ですが職務内容がよくわかりません）は、不定期にまたは家督時に、幕臣から所有する屋敷の明細を報告させました。

幕末に屋敷の移動が激しくなると、相対替の届け出前に交換した屋敷への移動がおこなわれました。このときに屋敷が相体替認許前や、貸地前ですと、幕府に公収される場合は、ただちに旧来の状態に戻すことを契約書類につけられました。大政奉還後の慶応四年（一八六八）には相互に売買してもよく、届け書だけ出すことになりました。

地代収入を得られるのは拝領町屋敷だけ！

屋敷の種類は次のとおりです。

【拝領屋敷】

〈大名〉（交代寄合表御礼衆を含む）

上屋敷《かみ》……一ヵ所。当主の居住地。島津家などごくわずかですが、幕府に断って中・下屋敷に住まう例があります。

中屋敷《なか》……一〜三ヵ所。嫡子・隠居が居住。

下屋敷《しも》……一〜三ヵ所。別荘、災害避難・遊楽の地。

蔵屋敷《くら》……大きい大名に与える。河岸で物資陸揚が目的。

〈万石以下旗本御家人〉

居屋敷……当主の居住地。当主がさらに別の拝領屋敷を持っていたり、親族と同居・

借地して不在のときは、単に拝領屋敷と称し、必ず地守《ちもり》（管理人）を置き管理小屋の設置と隣地との境界垣をつくります。その他隣家に預けおくこともあります。

下屋敷……高家・御側衆・大番頭・留守居を勤める時には下賜され子孫に相続します。

拝領屋敷……居屋敷のほか一ヵ所は許されますが、先祖の由緒で二〜三ヵ所ある家もたくさんあります。

〈医師・大奥女中（一代限）・坊主衆・同心（譜代席）など〉

拝領町屋敷……町奉行の支配区域に下賜されます。そこに居住してもよく、一部または全部を町人に貸して地代収入を得ることが公式に許されます。奥女中の老女表使の高級者には、一代の間、優良な町屋敷地を二百〜三百坪下され、年間十両に近い副収入を得ていました（三田村鳶魚『御殿女中』）。わずかですが一般の旗本でも、先祖の奥女中の分を相続して持つ人もありました。勝海舟の家は鉄炮玉薬同心の先祖が、四谷に町屋敷を拝領しましたが、当主は他の旗本に借地して住み、町屋敷は庶民に貸し、地代収入を得ていました。町屋敷の下賜は、家禄のある御家人まででした（松平太郎『江戸時代制度の研究』）。

【私有屋敷】

〈そのほか個人が所有する屋敷〉

抱《かかえ》屋敷……町奉行以外の支配地で、地主より買い求め、建物のある土地。地代を払う借用地を含みます。

抱地……抱屋敷に比べ、新規に建物が建てられない土地。

町屋敷……町奉行の支配地での私有地で、建築可能。幕臣か家族使用人の名義でも、幕府に所有を届ければ認可されます。町の入用金は負担します。

町並《まちなみ》屋敷……町奉行以外の代官・寺社・私領などの共同支配地での私有地であることが、町屋敷と異ります。

これらは、幕臣所有地になると、辻番・上水の負担金が生じてきます。

〈借地〉

旗本のなかには自分の拝領地に住まず、地守（管理人）を立て、他家の屋敷の一部を借り自費建築して住居する人が多数あります。拝領地が遠い所か、建物のない所の人もあったようです。『諸向地面取調書』（次項参照）のなかには、宅守《たくもり》の名称もあり建物のある所、地守は建物のない所とも考えられますが、確定はできません。

伺書や届書の記録をみていますと、拝領地に建物がないとか、借地をしているとしていても実際は建物借り（宅借）をしている例があります。『諸向地面取調書』の但し書きを分析してゆけば、少しずつわかりますが、いまだ「屋敷」の実状は、拝領屋敷地での建物の有無、借地とあっても自分の建物があったか、あるいは借家であったかなど、未知であるといえます。

ここで注意すべきは、一般の旗本の拝領屋敷は幕臣（旗本・御家人）のほか陪臣・医師・浪人に貸地（届出する）はできても、町人でもそこで商売をする人に貸すことはできないということです。

たとえば『経済随筆』の著者橋本喜八郎敬簡《ゆきやす》（後述）はあの滝沢馬琴の地主でした。馬琴の神田同朋町の住居は橋本喜八郎の屋敷を五十坪借地したものです。そこに某人の建てかけた十六坪の家があり、それを買って二十両二分で完成させて住まいました（この住居は高牧実『馬琴一家の江戸暮らし』中公新書によって場所も推定平面図もわかります）。また、橋本が邸内に井戸を掘るに際し、日取りの吉凶を馬琴に占ってもらい、対面し、礼金を包んでいます（『馬琴日記』二）。こういったケースはオーケーなのですが、旗本家の表長屋、御家人の邸内の借宅などを町人や売女商売・博奕に貸し、発覚して累代の家を滅ぼす事件が、『寛政譜』に記載されています。

町人に貸して地代を取ることができるのは拝領町屋敷だけなのです。下町の町人の多いところも山手の土地でも、町屋敷と町の字がつかない屋敷は武家屋敷ですから商売をする町人に貸すことは厳禁です。ただし、そこで商売をしない町人が住居用に借地することはできました。多くの人がこれを誤解しています。

大きい屋敷、小さい屋敷

大名・旗本・御家人・御三家御三卿家臣（一部）の屋敷を地図から探し出すことは、たいへん労力が必要です。『寛政譜』を中心に、家禄・通称・諱・住居の記録をたんねんに検討し、絵図から拾っていきます。

まず、誰でも手に触れることができる史料としては、

①『江戸城下変遷絵図集』
②『切絵図』（近江屋・尾張屋）
③『諸向地面取調書』（文字資料）

などがあります。

①は、延宝頃（一六七〇年代後半）から文久元年（一八六一）まで二百年の間の江戸各地区を、数ヵ年から十数ヵ年の絵図に記録したもので、当時の普請奉行によって編纂された

ものです。残念ながら本所・深川・青山・大久保は入っていません。内容も連続しているわけではなく、元禄の次は天保と間のないものもあることを認識しておかねばなりません。索引には『江戸城下武家屋敷名鑑』が出ています。

②は、『江戸切絵図集成』一～五（中央公論社）があり、索引もあり詳細です（ただし嘉永三年の初版を掲載してあります）。『切絵図』は場所により何版も出ていますが、すべてをまとめたものはなく、原本を探すことはたいへんな仕事です。『嘉永・慶応江戸切絵図』（人文社）は一冊にまとめられていますが、最終版の一版前のもので、年度はばらばらです。

『切絵図』は『武鑑』のように毎年改版されたものではなく、番町のように十版を重ねる地域がある一方で、郊外では一版のみと差があります。旗本の住居変化がはげしく、未修正や先代氏名が記載のものがあることに注意が必要です。それにしても、貴重な史料の一つです。

③は、拙著『江戸幕藩大名家事典』と『寛政譜以降旗本家百科事典』に、家筋を推定して別記してあります。拝領屋敷の場所・坪数・不在但し書きが大切な史料です。ただ旗本でも家禄が不明で、住居変化の多い家は、若干家筋の確定に不明があります。ことに、三百俵・二百俵など同苗字同禄が、複数以上あると推定できないことがあります。

中川恵司氏が『復元・江戸情報地図』と、『CD－ROM Book 江戸東京重ね地図』CDR㈱エーピーピーカンパニー）を作成しておられます。時代差の近い③と②を検討した正確で便利な新資料といえます。公共の大きな建物の入口ホールに、江戸城を中心とした拡大切絵図として、中川氏の作品が床に張られ好評を博しています。

こうした史料をもとに労をいとわず調べてみると、万石以下の旗本でも大名なみに一万坪以上の拝領屋敷を持つ人もあり、歴々の新番士・大番士の家でも拝領屋敷に住まず、五十坪前後の借地や旗本屋敷の長屋に住んでいる人もあることがわかります。御家人でも単独の家に住み、最上の人は屋敷地千坪前後と、中級旗本も顔負けする人もあります。

先にも紹介しましたが、勝海舟と父小吉（夢酔）は四谷の町屋敷には住まず実父の邸内から、天野左京に借地して家を建て（本所割下水）、以下、山口鉄三郎の借家（同地域）↓岡野孫一郎借地（本所入江町。夢酔の建てた家か岡野家の建物か不明）↓藤野茂兵衛借地（赤坂田町。建物付きか不明）↓稲垣金吾跡地（赤坂元氷川。建物付きを買うか）と、三十年くらいで五回、住まいを変えています。小吉が、自分の住んでいない四谷の拝領町屋敷を、町人に有料で貸すのはけっして違法ではなく、副収入として認められます。しかし、多くの人が誤解しています。

勝家の借地坪数はわかりませんが、安政二年（一八五五）度には別表の実例があります。

大きい屋敷

	家　禄	所在地	敷地面積	備　考
太田丑之助	500石	鼠山	12000坪	旧鷹匠頭。幕初下賜。ほか目白に60000坪（のちに返上）
長谷川久三郎	4071石	渋谷	20000坪	幕初は85000坪。天保に水野忠邦に20000坪相対替
松浦金三郎	1000石	雑司谷下屋敷	10900坪	祖父留守居によるか
渡辺図書助	5000石	角筈下屋敷	19721坪	古くよりか

借地の屋敷

	御役	家禄	所在地	借地面積	地主
長田欽十郎	新番	不明	表二番町	60坪借地	仙波弥左衛門
松波九八郎	小性組	300俵	麻布狸穴	100坪全地借地	土岐作右衛門
間宮孫四郎	大番	200俵	小日向	70坪借地	斎藤文蔵

旗本家は古くは、知行地の農民が来ても恥ずかしくない広さを与えられたといいます。古くから禄高別の標準坪数の表もありますが、筆者は幕末でも、

・一万石＝三千坪
・千石＝七百坪
・五百石＝五百坪
・三百石＝三百坪

が水準とみています。それより広い家もたくさんある（三百石でも千坪の家もありました）反面、五百石両番筋でも百五十坪以下と小さい家もあり、先祖の経済生活の良否が推定できます。

親族との同居

幕臣にとってなにより怖いのは火事でした。江戸は地方に比べ火事が多いので、幕臣は建物の中に穴蔵、外に土蔵を造り、自己防衛をしました。

当時は火災保険などないので、火事で中堅商人が裏長屋住まいになったりする例がままありました。同様に幕臣も火事によって、焼けた土地を売って、郊外の狭い屋敷に替わることがよくありました。幕末幕臣の住居移動の激しいのは、貧乏・退職のほかに火事の影響もあったと思われます。

建物が火事で焼けると、再建も自己負担です。

家禄に応じて幕府から拝借金を借りることもできますが、不足分は手許金を取り崩すか、借金をしなければなりません。当時は年利一二パーセントでも低利なくらいで、標準は一五パーセントくらいの高利の時代ですから、知行地・蔵宿《くらやど》（蔵米受取代行者）・親族知人に頼ります。

火事・地震などで建物を失った人は、親族の許に同居します。養子に行った当主が若年であったり、経済上で行き詰まった人は、実家・本家・妻の実家・親族の屋敷に同居しています。はっきり届けをしてあれば問題はありません。

一つの例を『寛政譜』から挙げます。


本多作左衛門成邑（二千石）は、宝暦五年（一七五五）十二月二日、火事で居宅が焼失し、仮に本田源兵衛正章の宅地に住す（借地自費建築ではなく、同居・宅借りと考える）。十余年寓居していながら、そのことを届けなかった越度《おちど》で、出仕停止となった。


届けの必要が知れます。

こんな例もあります（『花房家史料集』二）。

五千石の旗本である花房家本家に一族の花房縫殿助《ぬいのすけ》（六百石）の一家が同居してきました。

天保十二年（一八四二）春ごろより勝手向不如意のため、本家の財政援助を同族の長左衛門（千九石）、勘右衛門（千石）からたびたびお願いしていました。

本家も財政援助と、縫殿助の建物ができあがるまで同居することを了承しました。事前の取り決めも申し渡しがありました。

①家族は全員（当主夫婦・養子惣領・隠居・厄介伯父二人・妹・家臣一人）が、本家家臣長屋に移る。
②本家家臣と縫殿助方男子との儀礼、本家家臣の縫殿助家と長屋での作法の確認。
③縫殿助父子の表門通行時、本家への公式訪問と挨拶、本家家臣の縫殿助宅への出入、縫殿助宅への出入者等の取り決め。

などです。

第四章で義絶通路の事例を記しましたが、花房本家は、旧万石以上、旧交代寄合の旧家ですから、旗本寄合旧家と連絡を取り合って、自家の家中法度、家中間の書礼や作法規定もきちんと作られています。一族の分家で六百石の旗本でも、財政援助・同居に際しては厳しいものがありました。

また、同居といっても、主人の建物内のときもあれば、家臣長屋に住まうこともあったのがうかがえます。

家来を何人雇えるか？

旗本家の使用人についての追跡は、ごくわずかな人がおこなっているにすぎません。ここでは禄高によって何人くらいの使用人がいたかを、乏しい史料から拾ってみます。百俵は第七章「旗本の年収は今なら何万円？」の項の「御徒」と同じとみて下さい。

【三百俵】（年収玄米百五石＝両番士級・馬を飼う）
・侍一人（四両二分）
・小侍一人（一両二分）
・下男二人（一人三両）
・女中二人（一人二両一分）
計六人

【五百俵】（年収玄米百七十五石）
・用人一人（七両三人扶持）
・中小性二人（一人三両三分）
・手廻り五人（一人二両三分）
・中間一人（三両一分）
・女中四人（一人二両一分）
計十三人
註：『経済随筆』（幕臣橋本敬簡《ゆきやす》著、「近世地方経済史料」（一））によるので、倹約中の最少人数です。

【九百石】（岡山侯分家の池田家、安政三年の記録『井原市史』）
・用人三人（一人十両三人扶持）
・給人二人（一人五両二人扶持）
・中小性四人（一人四両二人扶持）
・門番二人（一人三両二人扶持）
・厩別当一人（三両二分一人扶持）
・中間六人（一人二両三分一人扶持）

・女中方八人（妾・老女・ほか）

計二十六人（ただし父・子勤めを含む）

千石台、二千石台の旗本の使用人を述べる史料を持ちませんが、おおよそ三百石級から事務のできる用人を持つようです。

千石近くなるとその家の古くからの譜代用人のいる記事がみえますが、多くの用人は渡り用人とか、味噌摺《みそすり》用人（旗本家の庶務会計担当者）とかいわれ、都合により各旗本家を転々とします。そのほか知行取りの旗本家では、算勘ができて知行地の農民の相手ができる人を、増収のため採用しますが、私腹を肥やすとか、農民の排斥をうけ事件をおこすばあいのあることは第五章で記したとおりです。

『南総里見八犬伝』で知られる滝沢馬琴も、父も兄・姉たちも旗本家の用人や女中の勤めをしています。

馬琴の先祖は関東の武士の末で、川越侯の松平信綱に仕官し、信綱の六男で分知千石の旗本家に付けられた、譜代の用人の家でした。馬琴の父は旗本千石の用人として下僕一人と下女二人を、主家の長屋住いでも使っていたといわれています（麻生磯次『滝沢馬琴』）。

ついでに記しますと、馬琴の病弱な長男は医師として松前侯に仕えました。孫には御先手鉄炮組の同心株を買ってやって、幕臣の同心としました。陪臣の家から最終的には孫が同心に入ったわけです。同新株の需要は庶民のほかに、旗本の家来も主人の世話で、割安に入手していたようです。

柴田勝家の子孫の家計事情

用人より上の地位が、家老といわれます。高禄で三千石以上の旗本は、高の人と呼ばれ三千石以下の小普請とは別扱いで、若年寄支配「寄合」とされ、自家の家来に譜代の家老・用人・給人《きゅうにん》の家臣もいます。二千石前後の三河以来の旧家や、大名の分家にも家老があったと思います。

筆者は五千石の旗本鍋島家の譜代家老の自伝「経年の記」を、三田村鳶魚旧蔵本で持っていますが、鳶魚翁も旗本家来の関連書は少なく貴重と記しておられます。高禄旗本の知行地には、譜代家臣で在所詰の人の記録が残っていて、今後も発掘される可能性があると思っています。

大名家と違い高禄旗本家の分限帳の存在は、さすがに少ないようです。ここではそれを使って家臣の構成をご紹介します。史料は三河国に三千二十四石を知行する旗本、柴田家の「天保七〜十一年家中分限帳」です(羽田野功氏稿「旗本柴田氏の家臣団について」『三河地域史研究』5号より)。

余談ですがこの柴田家は、じつは柴田勝家の養子が旗本として勤仕した家です。読者の多くは、賤ヶ岳の合戦で柴田家は滅亡したとお思いでしょう。しかし旗本として続いていたのです。こうしたケースはほかにも散見されます。

織田家は大名として続いていますし、小田原北条氏の同族も大名として残っています。また高家には今川、畠山、大友、大沢がいます。交代寄合には山名、最上、朽木、那須などの名が見えます。江戸幕府は前時代の名族や、武勇の士の血縁者を大事にする政権だったといえましょう。『寛政譜』からざっとみるだけで(五十音順)、

浅井長政の一族(五百石)

朝倉義景の一族(千石)

木曾義仲の同族(二千石　馬場家)

楠木正成の系(四千石　甲斐庄家)

福島正則の子孫(二千石)

本多正信・正純の子孫(三千石)

などを挙げることができます。話を柴田家に戻しましょう。

【江戸屋敷勤】

家老大元締

（草高）七十五石　木村誼右衛門

用人

（草高）七十石　柴田淳平

同

八両四人扶持　森　紀

同見習奥向御用

八両四人扶持　山田忠兵衛

同見習御側向頭

八両四人扶持　橋本東市（分家）

（記事なし）

側向頭取

七両三人扶持　川上周助（※）

給人

七両二分　水野三郎次（※・取次頭・目付）

近習席

六両三人扶持　町田小弥太（※・供頭・取次並）

同　池上良輔（給人並・取次）

六両二人半扶持　柴田庄次郎（給人格・納戸・若殿様付）

四両一人扶持　池上累四郎（中小性・御次詰）

六両二人半扶持　中村伝右衛門（※供頭）

同　矢島又右衛門（取次）

五両二人扶持　竹本東八（並）

五両二人半扶持　軽部健次（※格）

五両二人扶持　斉田岱蔵（※格・奥付下役）

同　梶原源三（※格・供頭見習）

中小性席

四両二人扶持　飯田酉之助

五両二人扶持　小林貞蔵（※）

同　橋本東四郎（部屋住）

小間遣（幼少召出）

三両二分一人扶持　清野庫次郎（部屋住・中小性格）
三両一人扶持　池田島太郎
鼻紙料一両二分一人扶持　柴田友太郎（部屋住）
同　中村広之助（部屋住）
二人一人扶持　清野円佐（部屋住・御次坊主）
隠居
（元七十石側用人）　橋本嘉大夫（二両二人扶持）
補記
六両二人扶持　用人格若殿様付　木村五郎左衛門（部屋住）
五両二人扶持　中小性次席御馬役　清野庫蔵（※）
計江戸在住者二十八人、内隠居・部屋住・厄介者七人を含み、当主二十一人
※印は新規召抱人九人
【知行所詰】
富田牧太（江戸詰中五両二人扶持・中小性席）　近習格代官
富田菊治（江戸詰中五両二人扶持・中小性席）　中小性格代官見習
山田忠次郎（部屋住・四両）　中小性

冨田種次郎（当分雇・四両二分一人扶持）　中小性席右筆見習
森秀次郎（部屋住・四両一人扶持）　中小性席
計五人内部屋住二人

【奥向女中】　九人
四両　瀬野
三両　歌
三両　しを
二両二分　春次
三両　理勢
三両二分　茂登
二両三分　佐江
二両三分　直次
二分　鼻紙代　二度仕着　歌次（原本落丁あり）

おおよそ玄米一石＝金一両として、三百二十両くらいの人件費で、柴田家の総収入約千石＝約千両の三分の一くらいです。この使用人の賄費・住居を殿様の負担と考えると、過大の経費であったと思われます。総収入はもう少し幅があったかもしれませんが、高禄旗本の人件費は多額なものであったようです。

大名も高禄旗本も財政では、家臣人件費・藩政経費と、殿様の家庭費に分かれます。明治初めの版籍奉還には、大名の家庭費として、その藩の実収入の一〇パーセントが給されたように、旧幕時代には、殿様用の経費は実収の二〇パーセントくらいで、殿様と家族の衣装代、交際費と生活費に充当されていました。

衣装代も今と違って、江戸城での四季の衣服、短期間着用し近侍家臣への下賜用にするなど大きな比率を占めました。中級旗本の節約家計の中でも、衣装代は別項で計上されています。一万石の大名でも、収納三千五百石の一〇パーセントである三百五十石＝三百五十両の殿様費用のなかから、成人子女の縁組み用に数百両を計画的に準備していたとみています。

家法集とは何か

旗本の使用人が多数になると、武家にふさわしい規則が必要になってきます。
三千石以上の旗本家では、多数の家臣の秩序・儀礼・役職格式等を、同格の旗本家と相互に打ちあわせ「家法集」などとして作成していたものです。
私の手許に次のものがあります。

【池田家】(三千石)
旧大名池田輝澄の系で、交代寄合六千石池田(松平)家の分家です。鈴木寿氏の『近世知行制の研究』(丸善、一九七一年)に、詳細な解説が付され、史料が紹介されています。

【花房家】(五千石)
旧大名・元交代寄合でしたが、以降寄合として存続。『花房家史料集』(二)に掲出されています。

【池田家】（三千石）

前出池田家とは別。下間《しもつま》池田家（本願寺有力家臣）で、一万石の旧大名より減知され、寄合に列しています。三田村鳶魚翁の自筆写本一冊です。

いずれも、おおよそ同様な骨格で作られており、幕府制度・大名家制度を縮小したものですが、内部組織・規約の内容は規模が小さいだけに、細密に及んでいます。幕府制度も、このくらいの揃った史料がほしいと思うほどです。

あくまで推定ですが、家老と称する役職を置いている、二千石前後の旗本家にも、家法集があったと思われます。

ここでは、未刊である池田家のものを用いて説明してみます。なおこの三種とも役職名は書かれているものの、家臣の分限帳はなく人数の把握はできません。新見吉治氏の『旗本』（吉川弘文館）には、この池田家の「分限帳」が収載されていますが、鳶魚翁自筆写本にはなく、これと「柴田分限帳」が参考になります。

池田（下間）家は、播磨国新宮で一万石の大名でしたが、寛文十年（一六七〇）邦照《くにてる》が十三歳にて早逝し、弟重教《しげたか》が三千石の旗本として存続されました。

当家には一万石時代の寛文四年（一六六四）御家法条目が作成され、同六年（一六六六）

に改正されていました。同十一年（一六七一）三千石に減少し、旗本家の規準にするべく、親族の戸川（五千石）、坪内（五千五百三十三石）、小堀（五千石）、西尾（四千四百石）の四家に相談し、一例として家老百五十石用人百石への減石を規準にして作りました。

その他に旧本願寺以来の家臣の処遇もあり、一円知行で、旧大名の時の所領から新宮附近三千石を受けて、年収は手厚いと思われますが、旧本願寺以来の多数の家臣もおり、他の旗本家より自家の経費と家臣減石に苦労しました。

池田家では、寛文四年作成の基本書を、貞享元年（一六八四）以降、補足訂正を加えます。寛政四年（一七九二）と同六年（一七九四）に当主頼完《よりさだ》は、次のような理由で「諸士御取扱並心得内礼定」「御家格万事御定書手控」を作りなおして、各役職の軽重を定めました。

寛政年中御家法を改正し「席格改」（役職の規準）を改めたが、席格に応じた敬を失っており、謙遜もなく古例を乱し混雑している。各々我意を張り、重役を軽んじ論議に日を送っている。その内に老年隠居するか、数代の高恩を忘れ当家を退散する者もいるのは不届である。

諸士も格席に構わず、気の強いものは徒士以下でも給人（知行取りの中士）より先に進み、気の弱い給人は徒士坊主の跡についている。
身分の尊卑のわきまえもなく、他の家の者がみると、規矩のない御家とあなどる。このままでゆくと家の滅亡のもとになってしまう。当家は三千石の小家とはいえ、領民四、五千人を撫育すべきであるが、それも覚束なくなっている。（大意）

文書に記載されているものは、家老優遇事例・各職心得と内礼・家中領内法度と、附載として、次の項目に分けられます。

礼格　　　　　　勤務
役職格式　　　　役職手当
書式例　　　　　遠出の手当と行装
着座順例　　　　出火時出働（合章定）
邸外での敬礼　　部屋住召出席格
江戸外出行装　　台所、作事方勤方
着衣格例　　　　池田家
年中行事諸礼式　拝領屋敷の経過
家督隠居礼式　　法事規準

葬式例

ここでは、家老は主人の目代であるとして、主人からも礼を重んじ、下位の役職からの儀礼を定めています。家老以下各役職ごとの規準を確定し、席順・処遇・儀礼・書礼・往還の敬礼・外出行装などを取り決め、まず主人が家老と応対するときは、袴を着用し、通りがけに会うときは会釈をするとまで述べてあるのです。

役職と俸禄については、

・家老（定禄百五十石）

・年寄（定禄百二十石）

・用人（定禄百石・元締役兼務者あり）

を三役と称しました。定禄とは個人の俸禄も百五十石が最高知行になるよう、家督元禄をおこない調整したという意味です。

・給人格（四十俵二人扶持、物頭・番頭〔玄関の責任者〕・取次と兼務あり）

・大小性、中小性（三十俵二人扶持）

ここまでが御目見以上とされています。

・表小性、表小性格（二十五俵二人扶持）

以前は他家のように徒士と称していました。ここから御目見以下とされます。

・坊主、小頭（譜代の者もある）
・足軽

知行地には在地勤務の家臣が、住居を持って住み、在所方と称しました。

・家老　一人、年寄役からも任命
・用人　下役より兼務もあり
・寺社奉行　物頭・取次・給人より、時には大小性・中小性よりも任命
・代官　大小性・中小性より任命
・表小性（元徒士と称す）

なお俸禄はふつうに比べて百俵三十石（一俵三斗）と低く、玄米一石＝金一両と換算していますが、知行は三〇パーセントの収納としても、一人扶持が幕府の一石七斗五升に対して、どう計算していたかは不明です。大名も旗本も、収納率や一俵の入目は、幕府とは一致しないことが多いのですが、一人扶持は男で一日五合支給、古くは一日二食で、一食二合五勺です。これは各家かわりはなかったと思っています。

倹約十年の結果は……

幕初の旗本家は、員数不足でしたから、二、三男も旗本に召し出され、労せず分家をふやしてゆけたことはすでに述べました。

幕府も初期は金銀の増産もともない、財政にゆとりがあり、小禄な家にも臨時下賜金や、寛永九年（一六三二）には御徒・小十人への加増、同十年（一六三三）には千石以下の三番士に、一率二百石（俵）の加増もおこない援助してきます。

千石以上の旗本は、戦場での戦利品もあり、一部には江戸街新興の資金を、町人たちに貸与するほどでした。平和がつづくと粗衣粗食も漸次向上し、家の経済を圧迫します。しかし、いざ出陣の時に備え具足櫃には、軍用金を準備しておけるくらいの生活だったと思います。

いわゆる元禄時代には生活は華美になりますが、元禄小判の改鋳（元禄八年［一六九五〕）で通貨供給量がふえてインフレ化すると、その瞬間は好景気となります。小判の質が下がっても、自分の収入の米も高く売れるわけで、この状態がずっと続くとの錯覚を誰しもしてしまいます。武士もまたそうでした。

吉宗の時代になって、生活があまりにも華美で贅沢ではないか、質素な尚武の時代に戻るべきでないかと、小判も慶長判と同質の享保判（享保元年〔一七一六〕）になります。

理念は正しいのですが、通貨が少なくなり米価の暴落がはじまり、旗本の家計は急速に悪化します。幕府は小判を元禄判よりも純金率の低い、元文判（元文元年〔一七三六〕）に変えますが、後の祭りでした。以後、よほど考えて心がけをよくしないかぎり、幕末まで武士は貧しいものとなります。

橋本敬簡《ゆきやす》の『経済随筆』の、文政八年（一八二五）の自序には、家計に苦しむ旗本たちに、自分の体験と理念に基づき、家計の縮小均衡による自立回復の計画法を著述しました。その詳細は拙著『お旗本の家計事情と暮らしの知恵』に述べましたが、橋本敬簡の家の系譜と、本人の苦難の体験談を、参考までにご紹介します。

橋本家は、五代綱吉が多勢召出した能楽役者家の一つで、初代敬近《ゆきちか》は元禄十二年（一六九九）に旗本に召し出され、廊下番となり家禄百五十俵を給されます。

二代敬周《ゆきまさ》は婿養子入、能筆家で延享三年（一七四六）布衣一歩前の表右筆組頭（職禄三百俵役料百五十俵）に就任。

三代敬惟《ゆきのぶ》は明和三年（一七六六）奥右筆組頭（布衣職禄四百俵役料二百俵御四季施二十四両二分）の重職につき、老年にいたって優遇役の留守居番（千石）とされます。

四代敬賢《ゆきまさ》は小十人組入、父布衣で小性組に番替、膳奉行を経て天明元年（一七八一）御船手頭（布衣、七百石）、のち御徒頭（布衣、千石）を勤めました。

能役者の出自の家に、三人布衣の人が出ていることは余程有能な人が続いたことと、家禄百五十俵ではあるものの、三代の間四百五十俵から千石までの実収が、足高で支給され裕福な家となり、特に奥右筆組頭は付届などの多い役職でした。

この恵まれた家に育った五代喜八郎敬簡は、『経済随筆』を書く境遇ではなく、嘉永元年（一八四八）には西丸小性組与頭《ママがしら》（布衣千石）にもなる人ですが、思いがけなく武士の家の生活の苦汁をなめました。旗本家計の実話を含む貴重な史料として、序文を主に紹介します。

寛政三年（一七九一）十五歳で家斉公に初御目見をして、間もなく部屋住惣領として小性組に御番入をしました（基本切米百五十俵・足高百五十俵・番入年代不詳）。

文化元年（一八〇四）の秋に病に臥して、既に命を失うところでしたが、冬の終わりに治癒しました。文化三年には父の死去で家督しましたが、文化元年、二年には自分の治療費で、多数の資産家財を失いました。

元来小禄で貧しかったので、御番の小性組の勤めを永く続けることができない家計に追い込まれ、これではならじと倹約に心がける決心をし、いろいろ立案しました。

今までにも倹約を計画して実行しましたが、世間の慣習にまとわれ破綻してしまいました。

その後は世間の眼は気にせず倹約に専心し、蓄財に励み文化十年（一八一三）の春に、ようやく功を奏し、富裕とはいえませんが、勤めに出ることはできるようになりました。文化元年の秋以来の努力は、ようやく報いられました。

文政八年（一八二五）に至って、今までのきびしい体験を基にして、一冊にまとめたものを『経済随筆』と命名し、子孫や親しい知人にも「財苦に苦しむ人」の参考にもと思い、残します。

橋本敬簡は先祖に重職者がつづき、動産不動産の資産の多い旗本とみてよいでしょう。治療に多数の資産を失い、御奉公もできなくなるとは、誇張もあるかと思います。現に代々布衣の役職中住居の神田明神下の屋敷に幕末までいて、屋敷も売らず転居もしていません（安政二年［一八五五］の『諸向地面取調書』には各家の所在地と坪数が書いてありますが、橋本家は当時の当主が欠記事の小普請の組に在ったらしく残念ながら見あたらず広さが不明です。拙著『寛政譜以降旗本家百科事典』参照）。

『経済随筆』では旗本家計の立ち直りについて、おおよそ次の基本が述べられています。

①武家の生活は米の収入によるから、豊凶による米価の変動に左右される。

②倹約を生活の基本とし、借財があれば「二百俵は百五十俵」「三百俵は二百五十俵」の作表で生活せよ。「三百俵を百五十俵」に低下させるのは、極端で吝嗇となる。

③借金をしない生活を心がけよ。年に収支が十両不足すると、四年で借金が四十両になり、毎年一割以上の利息が加わり浮かびあがれなくなる。

④米の売価は、百俵三十五石で三十両と控え目にする。高い年の利益は、三年に一度の閏月の支出、不時の支出に充当すること。

⑤病の時の医師、葬儀の時の僧侶や、占い師の支出を過剰にしないこと。

⑥火事の時の心構え、盗賊への用心（旧使用人が多い）も必要。

これらを基本とし、七十俵五人扶持から五百俵までの、収入をおさえ予備の支出も含む倹約表を付記しています。

ドケチ旗本

しかし、橋本流では本当の裕福な家計にはなれません。正月をすごすため、二月の四分の一の切米が出るまでの、小借金のやりくり家計を修正するくらいでしょう。

橋本は「三百俵の生活を、百五十俵に切りつめるのは吝嗇で、行うべきでない」としますが、極端にいえば、昔の人が本当に裕福になるには「義理・体面・人情」を欠いた生活をし、三度の食事を二度に減らさないと、金は貯まりません。限度を超す借金も返せません。

そのかわり一度金が貯まると、年八〜一〇パーセントで商人に預け、利に利が生じてどんどん裕福になります。

竹垣直清の叔父丹羽長義《ながよし》は、大名丹羽左京大夫家の分家（旗本）の子ですが、厄介の身でした。ふつうなら他家に養子にゆくか、一生厄介で終わるしかありませんが、運よく御三卿清水家に仕え、幕臣籍である「附切《つききり》」に採用され、『寛政譜』にも清水重好に採用されたとある人です。

百俵弱の初任から七十年も勤仕し、用人格六百俵までに収入がふえました。文政元年（一八一八）、倅長洪も部屋住で近習番（百五十俵）となり、文政六年（一八二三）頃まで老年勤務していました。新しい家ですから使用人は少なくて済み、貯蓄もたくさんできたのでしょう、足高のおかげです。

『江戸幕府代官竹垣直清日記』を見ますと、文政元年ころより、長洪（直清の従弟）が直清の許にまとまった金を持参し、一〇パーセントくらいの有利子で商人への預金を、代官で顔の利く直清に頼んでいました。利息は現金で受けとって帰りますが、いずれ家禄の貯え金とともに預金になるのでしょう。旗本のなかでは地味な堅実な利殖といえましょう。

江戸には大火もあり、武家屋敷でも案内を知った盗賊も入ります。大金は穴蔵に、道具類は土蔵に入れ火事の時は出入の人に目塗をさせます。手持ちの小金・証文はすぐ持ち出せるようにしておきます。家の重代文書も同様です。その方法を実例からみます。

第五章の「嫁入り費用の捻出法」に出てきた鈴木造酒之助が養子入した根岸家（五百石）の養父の話です（大意、『江戸書状』）。

至って金満家で、金子は土蔵にたくさん入れ、蔵宿に千両預けてある。利息の入る証文（預金通帳）だから、身辺の金子・証文とともに「箱入袋」に入れて、居間の柱に掛け、万一の時は首にかけ避難する。

また預金にせず、自身で高利貸をする例もありますが、これは命がけのことになります。元代官、内方《うちかた》鉄五郎（百五十俵）は、金と町屋敷を多く持ち高利貸もしながら、食事も二度を守りました。しかし文化十三年（一八一六）自宅で惨殺され、犯人はわからず養子に疑いがかかり絶家になりました（『半日閑話』）。

御家人普請役の金井磯平は、嘉永三年（一八五〇）、身寄りがなく自宅で孤死しました。親類もなく、妻も十一人離縁し、遺産は金にして総計五百両でした（『藤岡屋日記』四）。いったい何のための貯蓄でしょう。

『藤岡屋日記』（六）に出ている話は、誇張もあり真偽にいささか疑問もありますが、当時の実体も出ていると思いますので、筆者の見方も付け加えつつ大意をまとめてみます。

安政元年（一八五四）七月二十三日　先手鉄炮頭永井真之丞（弘化四年［一八四七］

西丸目付より・安政元年七月二十七日卒『柳営補任』）は、紅葉山下御門当番の節、夜中の御番中に乱心して切腹死去、翌朝病気のかたちとして自邸駿河台袋町に引き取らせ、二十七日死去として届けました。惣領主計は小性組番士ですから、家禄千石の相続は無事済みました。

この真之丞は千石ですが至って吝嗇で、徒頭（天保八年［一八三七］より）、西丸目付（天保九年より）と順調に進みます。この西丸目付で金子を取り込みました（しかし西丸目付は幕臣の監察役の立場です。将来は本丸目付や上級職に昇ります。大名から挨拶くらいの金品の付届はありますが、徒頭とともに余得のある役職ではありません）。先手頭までに二万両を蓄財し、これを三万両にすると張り切っていました。

そのため惣領主計が小性組番士四十二歳ですが、妻を持たせません。縁組婚礼に出費が多いからという理由です（側女でよいという意味？）。家来を公用外出させるときも供を付けず、家来は外で日雇を自腹で雇いました。

吝嗇ですが、趣味として手持ち賞玩の「松葉蘭」「小万年青《こおもと》」は、二千両の品とされます。しかしこれも利殖用です。

昨春、邸の普請で七百両の見積もりを、大工の工事間違いを口実に、手間を踏み倒しました。

御役中には進物、付届を要求し、生活は飲まず食わず、寸借りは払わず、義理・仁義もない生活で二万両ため、三万両に目標を切りかえたところで乱心自殺となりました。

意味不明ですが、金子に車を附け置いたとのことです。千両箱を何箱かのせる車を作り、他は商人たちに有利な預金をしていたのでしょうか。

それにしても家禄千〜千五百石、小判にすれば三百〜五百両、そのなかから家来の人件費、生活費他を除くと、年百両か二百両がせいぜいの余剰金です。義理を欠き食を減らしたにしても、千石の家が二万両（年収の六十倍）も貯えられるものでしょうか。桁が違うのではないかと思われるくらいですが、藤岡屋由蔵の情報として紹介しておきます。

いちばん恩恵をうけたのは、次代の主計だったでしょう。主計は駿河台袋町の、八百二十坪の土地に普請をした家の当主となり、使番を勤め幕末まで活躍しました。文久三年の『切絵図』には、駿河台の真ん中に「永井主計」とありました（拙著『寛政譜以降旗本家百科事典』参照）。

むすびに

駿府への移住

慶応四年（一八六八）五月二十四日、徳川亀之助（田安家、のちの公爵徳川家達《いえさと》）は、駿府城七十万石とされました。

かくして、幕臣の駿遠移住になります。以下の動きがほとんど同時におきました。

①駿府藩に必要な役職者の決定。
②幕臣出身の朝臣として新政府に勤仕。
③帰農商する人は、主家から離れる（士分でなくなる。ただし後日、静岡に帰藩する人が出てくる）。
④静岡への無禄移住（士分とする）。

実質的には八月頃より江戸屋敷を離れはじめ、十月中旬には屋敷を明治政府に明け渡します。その間の実状は『静岡県史』通史編五にありますが、当事者側の話は『幕末の武家』で、静岡に船で移住した塚原渋柿園《つかはらじゆうしえん》の「明治元年」として、当時の混乱する江戸や船内の様子を上手に語っています。塚原は百人組与力の人でした。

幕臣のみならず士族の多くは、家禄を失ない、多くの者は生業として役所勤務・教員・警官に向かいました。商売で成功する例は少なく、わずかに印刷関係で教養が生かされたようです。

徳川家としても、第一に中央役所勤めをすすめますが、当時の士風として江戸に残り朝臣に残っても、やはり潔しとしないのか、ずっと内々にしている人が多かったようです。一方、皮肉なことに低禄の御家人層は、昔からの内職で世情にも馴れており、文化人として教養のあった人々とともに、江戸に残っても明日の生活は重荷にならなかったようです。

海路苦難の話の多いなかで、少しましな静岡行の話を探してみます。

間宮兵庫信興（書院番士、明治三年没）と養子惣領間宮鉄次郎信古（小性組番士、剣術教授方のち三方原開墾責任者）は、家禄七百五十石、屋敷は四谷鮫橋にあり、代々両番筋の家でした。子孫の静岡県金指町（現浜松市北区）住の故間宮邦一氏が、兵庫と鉄次郎の駿府行の実話を発表されております（以下大意、『剣道日本』一九九一年二月号）。

多くの幕臣は、明治元年（一八六八）十月から十一月に船で、品川から清水に行きました。

間宮家は陸路行列をととのえ、先祖からの旧知行地の氷取沢村《ひとりざわ》（横浜市磯子区）を訪れました。鉄次郎は幕職にあったので、その余裕があったのでしょう。

移転の荷物には、拝領品や書画・什器・武具などを、当時の制限以上を陸路運ぶことができました。静岡に行っても前職が、両番格奥詰・講武所剣術教授方を勤めており、静岡でも役職に就きました。悲惨な静岡無禄移住に比べ恵まれていますが、明治三年三方原開墾入植の責任者・浜松勤番組頭取として、難事業に取り組みました。

家格も高く小野派一刀流の名手として、八百家の入植士族を統率し、牧之原の開墾にも劣らぬ労苦を重ね、大正四年、八十六歳で没しました。

もう一つ。

元幕府陸軍副総裁藤沢志摩守次謙《つぐよし》（幕府奥医師桂川甫賢の三男）も、一家徒歩で陸路静岡に行きました。家禄千五百石でいまの相模原市に知行所があり、明治元年九月二十日深川六間堀の屋敷を、妻・三児・叔母の六人家族で出立し、知行所に廻り名主らに戸塚宿まで見送りをうけ、二十四日に静岡に着きます。

前役もあり藩役人沼津兵学校掛、明治五年（一八七二）に朝臣に召し出しとなりますが、不遇で明治十年（一八七七）には辞職し自由業となりました。

晩年は窮迫した生活となり、死を予想してか十三年の年末に旧知行所の各家に寄寓し、玄人芸の邦画や記念品を贈り、十四年五月、腸チフスで四十七歳の生涯を終わりました（『幕末・維新の相模原』相模原市立博物館編）。

幕臣は海路静岡に移住したと思いがちでしたが、たまたま陸路をとり、二家とも旧知行地を経由して静岡に行った実例です。幕末期の幕臣と知行所の交流も温かいものがあったようです。

ルーツを求める子孫と縁者の人

幕臣は幕末に三万人を超す大きな集団でしたが、新時代への移行時に大多数の人が、江戸を離れる事態が生じたため、各家の子孫とされる方が少ないようです。

各大名家のばあいは移住もごく少なく、家臣間で明治以降「藩士会」もつくられていますが、消息不明の率は幕臣がいちばん多いと筆者は推定しています。

ルーツ探しには、菩提寺をたずねるのが常道ですが、江戸の寺院にはすでに無縁になっている幕臣墓が多いようです。寺院の話や、彼岸・お盆での新卒塔婆の少ないことでも知れます。

理由としては、

①江戸の屋敷を離れ、静岡に移住したり各地に行くことになり、緊急のため家の重要書類も持ち出せないことも多くあった。

②昔のような家禄がなくなり、男系の子孫に恵まれなかったり、子孫のない家は、昔なら「急養子」で、家の名跡が残せたものが、無嗣絶家となった。

などが考えられます。

私どものところに、祖先からの言い伝えをふまえたルーツ探しの話が寄せられます。幕臣には苗字の同じ家が多数ありますから（松平百二家、鈴木五十八家、大久保五十七家、加藤五十一家、内藤五十一家などが寛政十年［一七九八］末の旗本家にあります。拙稿「近世武家の官名通称の制約」『風俗』一〇九号参照）、どの家なのかという問いあわせもあります。多い苗字では、三百俵とか二百俵と同禄の家が数家もありますからこのようなことになります。

しかし、言い伝えには誤聞もあり、通称・諱・住居・家禄の言い伝えが残っていても、『寛政譜』以降七十年の公式分限帳がないので、拙著『江戸幕府旗本人名事典』にも掲出がないばあいは容易に『寛政譜』には連結しにくいのです。

まして『寛政譜』以降に旗本に昇進した家とか、幕末まで御家人であった家は、『武鑑』『江戸幕臣人名事典』（明細短冊）とか、現存の古文書の中に運よく探し出せた以外は、ほとんどルーツ探しの御役に立てないのが現状です（それでも幸運な方は、わずかな史料から宝暦［一七五〇年代］頃までさかのぼって判明することもありますが）。

私どもの史料は慶応四年までのものですが、ルーツ探しのばあいは、江戸の寺院も不明、わかるのは明治以降のみという方も多く、手持ちのわずかな明治初めの史料を加えても、私の手には負えないというのが実情です。

しかし、世の中はよくしたもので、幕臣家の静岡での動向を専門に調査されている方がおられます。

静岡市在住の前田匡一郎氏は、静岡の寺院から旧幕臣の墓石を探求し由緒を調べ、古文書を求めてその裏付けをされております。著書『駿遠へ移住した徳川家臣団』を自家刊行でNo.1〜4まで出されており、近日No.5も刊行と聞いています。この本のおかげで、子孫や縁者の方の多くが、ルーツ探しの成果をあげております。拙著『寛政譜以降旗本家百科事典』もこの記事から、多くの幕臣の『寛政譜』への連結をすることができました。

日本各地の幕臣の子孫の方や、幕臣との縁故を持つ方々が、熱心にルーツ探しをされ、呈示のわずかな史料・伝承で、前田さんや私どもの手で目的を達せられることもあるようです。

明治元年より百三十余年を経て、三、四代の子孫の方が五十歳を超して、ルーツ探しに熱が入る傾向があるようです。

しかしこれからの若い人が五十歳を超しても、今のようなルーツ探しには入らぬくらい、近世は遠くなりつつあるのでしょう。

あとがき

いまから六十年まえの十八歳のころの話です。

私は戦時中、三田村鳶魚《みたむらえんぎょ》翁を師とあおぎ、中野のお邸から西武線の豊岡町（いまの入間市あたりでしょうか）のお住まいにかけて、翁と同じ屋根の下の生活を送りました。その間、おつかいをしたり、翁の希望される本を買い求めたり、力不足ながら史料の整理などをしておりました。また勉強として、翁の覚書「含苞《がんほう》」より総索引を見て自分用の抄出、抜き書きをしておりました。それらや翁の談話ノートはいまも手許にありますが、見ると己の学力のなさに冷汗が出てきます。しかし、拙学の者のメモでもないよりはまし、と気を休めております。

敗色は濃く、追い立てられるような日々でした。したがって日記など記録したものもありません。いまや鳶魚翁への思いも記憶だけが頼りとなりました。

しかし、よくしたもので翁の日記や、長いこと翁の口述筆記をしておられた柴田宵曲氏の日記に、私の動向が書き留められていました。赤面の至りですが、いくつか例を挙げます。

昭和十八年七月三日（土）　雨　夜、慶応学生小川恭一、大名の席につきて来問ふ、奥野伸太郎氏紹介。

昭和十八年八月二十五日（水）　晴　夜、小川恭一来る、十九歳といふ奇特の学生なり、懇篤に柳営秘鑑をよむ、来質す（る）所みな其中の事共也、

昭和二十年二月十一日（日）　晴　小川生の封書届く、小川の身上甚だ憐むべきものあり。

（中央公論社刊『三田村鳶魚全集』27　日記（下））

二月十一日の項について補足しましょう。

私は三田村翁から多くの武家物の和書を譲渡されておりました。東京は空襲もはげしくなってきて、翁は私に疎開を強くすすめられました。私がなかなか言うことをきかないので、「しからば勘当なり、出入を許さず」とお怒りになったのです。

もちろん憎んでのことではありません。危険な東京を離れ、身と貴重な史料の安全を期すべしとの厚志です。傍の八重夫人が眼くばせをして「言うことをおききなさい」と示さ

れました。

かくして、すでに亡くなっていた父の郷里、富山市に譲渡を受けた武家物の和書ともども疎開したわけですが、祖父とは折り合いが悪く、融和できない日々が続きました。そんなことをボヤいた手紙を翁にしたためたため「小川の身上甚だ憐むべきものあり」と記されたわけです。その後、私は祖父と別居して、鳶魚翁旧蔵書は借家の防空大穴に埋めました。禍福は糾《あざな》える縄のごとし、この年の八月一日の富山空襲で祖父の家は焼失し、またそれが祖父との永遠の別れとなりました。私は生き残り、書物も焼失を免れたのです。

八重夫人にもたいへんにお世話になりました。夫人は戦時中すでに腎臓をわずらって浮腫《むくみ》を持たれ、戦後に翁よりも先に逝かれました。

あの戦中戦後の物資不足の時代に、世間知らずの若者に気持ちのよい庇護をいただいたことは生涯忘れえないものであります。

こんなこともありました。不謹慎な話ですが、富山に帰る前のある夜、空襲警報が鳴りました。灯火管制で電灯を黒い風呂敷で包みますから、さすがの努力家鳶魚翁もなにもできません。しかたないのでその明かりの下で、何ということもなく夫人と三人で花札を弄《もてあそ》び苦笑したものです。そんな花札三昧の夜を何日もすごしましたが、あれからもう信じられないほどの歳月がたってしまいました。

戦後、私は上野の帝国図書館に短いあいだ勤めた後、亡父の関係を頼って実社会に入りました。翁の教えとともに、この図書館時代に「史料の裏付けを大事にすること」を学んだように思います。

四十年間のサラリーマン生活のなかでも、江戸研究への思いはやみがたく、いつでも復学できるよう、鳶魚翁旧蔵の武家関係の文書を守り、書店や広告を見て将来使う可能性のある史料を丹念に拾い、買い求めては渇きを癒《いや》しておりました。

単に買うだけではなく、眼を通すのは時間的になかなか難しいものです。しかしそれだけが私を細い糸で近世史につなぎとめていました。そのため復学時にはそんなに本の買い入れはせずにすみましたが、蔵書の置き場所と即時取り出しにはいまだに苦労しています。

二十年前に復学してからは、主として大名・旗本・御家人研究の基礎となる「史料集」づくりに全力で取り組んでまいりました。その作業も一段落したある日のことです。藤本正行先生が、「一般読者向けの本もぜひ書くべきだ」とおっしゃって、講談社の横山建城さんを紹介してくれました。

終始、史料づくりだけに全力を傾注してきた私には、みなさんに読んでいただけるものを書く自信はありませんでした。しかし横山さんは私の書いたものを読み、「これは面白い。それに三田村翁のお弟子さんにお会いできるなんて感激です。ぜひ本にしましょう。お手伝いします」といってくれました。ちなみに横山さんは三十代なかば、翁とは約一世紀の年の差があります。まさしく歴史上の人物でしょう。それを知る私に興味を持ったのかもしれません。

最初からご協力いただいた横山さんの励ましで、江戸開府四百年という記念すべき年に、思いがけず本書を世に出すことができました。あわせて復学以来、好運にめぐまれ、芳賀登先生、笠谷和比古先生にご指導いただいたことに深く感謝申しあげます。また図版の転載を快くお許しくださった菊地ひと美さんと筑摩書房に厚く御礼申しあげます。

史料中心で研究を続けてきたためか、今回のことで一般読者とのあいだに予想外の興味の差違があることを少しずつ理解しはじめたところです。今後のため、読後の感想と、幕府関係の事柄で何をお知りになりたいか、読者の関心をお知らせいただければ幸いです。また、誤記や思いちがいもあろうかと思います。広くご教示を待つしだいです。

二〇〇三年　八月

小川恭一

や行

ら行

な行

は行

ま行

さ行

た行

文献索引

（本文にそのつど参考史料を明示したので、
この索引をもって参考文献表に代える）

あ行

か行

ら行

わ行

ま行

や行

さ行

主要事項索引

（旗本・御家人は全編にわたるため割愛した）

ま行

や行

ら行

わ行

な行

は行

さ行

た行

主要人名索引

（本文に官位・通称の記載がある場合はそれを含めて項を立てた）

あ行

か行

本書は『江戸の旗本事典　歴史・時代小説ファン必携』
（講談社文庫　二〇〇三年）として刊行されたものです。

江戸《えど》の旗本《はたもと》事典《じてん》

小川恭一《おがわきよういち》

平成28年 1月25日　初版発行
令和7年 6月30日　8版発行

発行者●山下直久

発行●株式会社KADOKAWA
〒102-8177　東京都千代田区富士見2-13-3
電話　0570-002-301（ナビダイヤル）

角川文庫 19577

印刷所●株式会社KADOKAWA
製本所●株式会社KADOKAWA

表紙画●和田三造

●お問い合わせ
https://www.kadokawa.co.jp/（「お問い合わせ」へお進みください）
※内容によっては、お答えできない場合があります。
※サポートは日本国内のみとさせていただきます。
※Japanese text only

ISBN978-4-04-400033-2　C0195

角川文庫発刊に際して

角川源義

第二次世界大戦の敗北は、軍事力の敗北であった以上に、私たちの若い文化力の敗退であった。私たちの文化が戦争に対して如何に無力であり、単なるあだ花に過ぎなかったかを、私たちは身を以て体験し痛感した。西洋近代文化の摂取にとって、明治以後八十年の歳月は決して短かすぎたとは言えない。にもかかわらず、近代文化の伝統を確立し、自由な批判と柔軟な良識に富む文化層として自らを形成することに私たちは失敗して来た。そしてこれは、各層への文化の普及滲透を任務とする出版人の責任でもあった。

一九四五年以来、私たちは再び振出しに戻り、第一歩から踏み出すことを余儀なくされた。これは大きな不幸ではあるが、反面、これまでの混沌・未熟・歪曲の中にあった我が国の文化に秩序と確たる基礎を齎らすためには絶好の機会でもある。角川書店は、このような祖国の文化的危機にあたり、微力をも顧みず再建の礎石たるべき抱負と決意とをもって出発したが、ここに創立以来の念願を果すべく角川文庫を発刊する。これまで刊行されたあらゆる全集叢書文庫類の長所と短所とを検討し、古今東西の不朽の典籍を、良心的編集のもとに、廉価に、そして書架にふさわしい美本として、多くのひとびとに提供しようとする。しかし私たちは徒らに百科全書的な知識のジレッタントを作ることを目的とせず、あくまで祖国の文化に秩序と再建への道を示し、この文庫を角川書店の栄ある事業として、今後永久に継続発展せしめ、学芸と教養との殿堂として大成せんことを期したい。多くの読書子の愛情ある忠言と支持とによって、この希望と抱負とを完遂せしめられんことを願う。

一九四九年五月三日

角川ソフィア文庫ベストセラー

論語
ビギナーズ・クラシックス 中国の古典
加地伸行

孔子が残した言葉には、いつの時代にも共通する「人としての生きかた」の基本理念が凝縮され、現代人にも多くの知恵と勇気を与えてくれる。はじめて中国古典にふれる人に最適。中学生から読める論語入門！

老子・荘子
ビギナーズ・クラシックス 中国の古典
野村茂夫

老荘思想は、儒教と並ぶもう一つの中国思想。「上善は水のごとし」「大器晩成」「胡蝶の夢」など、人生を豊かにする親しみやすい言葉と、ユーモアに満ちた寓話を楽しみながら、無為自然に生きる知恵を学ぶ。

韓非子
ビギナーズ・クラシックス 中国の古典
西川靖二

「矛盾」「株を守る」などのエピソードを用いて法家の思想を説いた韓非。冷静ですぐれた政治思想と鋭い人間分析、君主の君主による君主のための支配を理想とする君主論は、現代のリーダーたちにも魅力たっぷり。

陶淵明
ビギナーズ・クラシックス 中国の古典
釜谷武志

自然と酒を愛し、日常生活の喜びや苦しみをこまやかに描く一方、「死」に対して揺れ動く自分の心を詠んだ田園詩人。「帰去来辞」や「桃花源記」ほかひとつ一つの詩を丁寧に味わい、詩人の心にふれる。

李白
ビギナーズ・クラシックス 中国の古典
筧久美子

大酒を飲みながら月を愛で、鳥と遊び、自由きままに旅を続けた李白。あけっぴろげで痛快な詩は、音読すれば耳にも心地よく、多くの民衆に愛されてきた。豪快奔放に生きた詩仙・李白の、浪漫の世界に遊ぶ。

角川ソフィア文庫ベストセラー

杜甫
ビギナーズ・クラシックス 中国の古典
黒川洋一

若くから各地を放浪し、現実社会を見つめ続けた杜甫。日本人に愛され、文学にも大きな影響を与え続けた「詩聖」の詩から、「兵庫行」「石壕吏」などの長編を主にたどり、情熱と繊細さに溢れた真の魅力に迫る。

孫子・三十六計
ビギナーズ・クラシックス 中国の古典
湯浅邦弘

中国最高の兵法書『孫子』と、その要点となる三六通りの戦術をまとめた『三十六計』。語り継がれてきた名言は、ビジネスや対人関係の手引として、実際の社会や人生に役立つこと必至。古典の英知を知る書。

易経
ビギナーズ・クラシックス 中国の古典
三浦國雄

陽と陰の二つの記号で六四通りの配列を作る易は、「主体的に読み解き未来を予測する思索的な道具」として活用されてきた。中国三〇〇〇年の知恵『易経』をコンパクトにまとめ、訳と語釈、占例をつけた決定版。

唐詩選
ビギナーズ・クラシックス 中国の古典
深澤一幸

漢詩の入門書として最も親しまれてきた『唐詩選』。李白・杜甫・王維・白居易をはじめ、朗読するだけで風景が浮かんでくる感動的な詩の世界を楽しむ。初心者にもやさしい解説とすらすら読めるふりがな付き。

史記
ビギナーズ・クラシックス 中国の古典
福島正

司馬遷が書いた全一三〇巻におよぶ中国最初の正史が一冊でわかる入門書。「鴻門の会」「四面楚歌」で有名な項羽と劉邦の戦いや、悲劇的な英雄の生涯など、強烈な個性をもった人物たちの名場面を精選して収録。

角川ソフィア文庫ベストセラー

蒙求
ビギナーズ・クラシックス 中国の古典
今鷹 眞

「蛍火以照書」から「蛍の光、窓の雪」の歌が生まれ、「漱石枕流」は夏目漱石のペンネームの由来になった。礼節や忠義など不変の教養逸話も多く、日本でも多く読まれた子供向け歴史故実書から三一編を厳選。

白楽天
ビギナーズ・クラシックス 中国の古典
下定雅弘

日本文化に大きな影響を及ぼした白楽天。炭売り老人への憐憫や左遷地で見た雪景色を詠んだ代表作ほか、家族、四季の風物、酒、音楽などを題材とした情愛濃やかな詩を味わう。大詩人の詩と生涯を知る入門書。

十八史略
ビギナーズ・クラシックス 中国の古典
竹内弘行

中国の太古から南宋末までを簡潔に記した歴史書から、注目の人間ドラマをピックアップ。伝説あり、暴君あり、国を揺るがす美女の登場あり。日本人が好んで読んできた中国史の大筋が、わかった気になる入門書！

春秋左氏伝
ビギナーズ・クラシックス 中国の古典
安本 博

古代魯国史『春秋』の注釈書ながら、巧みな文章で人々を魅了し続けてきた『左氏伝』。「力のみで人を治めることはできない」「一端発した言葉に責任を持つ」など、生き方の指南本としても読める！

詩経・楚辞
ビギナーズ・クラシックス 中国の古典
牧角悦子

結婚して子供をたくさん産むことが最大の幸福であった古代の人々が、その喜びや悲しみをうたい、神々への祈りの歌として長く愛読してきた『詩経』と『楚辞』。中国最古の詩集を楽しむ一番やさしい入門書。